AF309466

L'HOMME

ET

LES BÊTES

PAR

OSCAR COMETTANT

PARIS

GARNIER FRÈRES, ÉDITEURS

6, RUE DES SAINTS-PÈRES, 6

L'HOMME ET LES BÊTES

Présidez à tous les animaux et assujetissez-vous la terre.

ÉTUDES MORALES

L'HOMME

ET LES BÊTES

PAR

OSCAR COMETTANT

PARIS

GARNIER FRÈRES, ÉDITEURS

6, RUE DES SAINTS-PÈRES, 6

L'HOMME
ET LES BÊTES

« L'homme qui abuse de sa puissance pour
tyranniser les animaux, s'endurcit et se déprave;
tandis que la bienveillance envers eux est un
germe de vertus sociales. Tout ce qui aime, a
droit à notre affection ; tout ce qui souffre, a
droit à notre pitié. »   BOURGUIN.

I

CONSIDÉRATIONS GÉNÉRALES

L'homme, a dit l'homme, est le roi de la création.
Roi par la grâce de Dieu, soit; mais le serait-il par le
suffrage universel si les chevaux, les bœufs, les ânes,
les yacks, les chameaux, les moutons, les chevreuils,
les porcs, les poules, les dindons, les canards, les oies,
etc., étaient munis d'une carte d'électeur ? Heureusement les animaux ne votent pas et ils n'ont jamais

songé à réunir leurs états pour protester contre la dure tyrannie d'un roi trop absolu.

« Je remercie les Dieux, a dit je ne sais plus quel philosophe ancien, de m'avoir créé homme au lieu de m'avoir fait bête. » C'est peut-être surtout quand on songe au dur esclavage des animaux domestiques qu'on comprend la satisfaction du philosophe.

Quelle existence, en effet, que celle de tous ces dociles serviteurs de l'homme! S'ils n'étaient qu'esclaves! mais ils sont martyrs le plus souvent, et un assez grand nombre d'atrocités ne se commettent sur eux que pour satisfaire à cet instinct de férocité qui est en nous, et que ni la religion, ni le sentiment de justice, ni même l'intérêt personnel ne parviennent à éteindre tout à fait dans nos cœurs.

Un grand pas pourtant a été fait par la civilisation moderne dans la voie de la charité, qui est aussi celle de la morale et de la justice. L'homme s'est affranchi des tortures inutiles qu'il s'était infligées à lui-même pendant si longtemps. J'ai la certitude que les Français d'aujourd'hui n'intrigueraient pas auprès des grands personnages, comme leurs ancêtres du temps de Louis XIV et de Louis XV, pour avoir leur place marquée au Châtelet les jours où quatre vigoureux chevaux, condamnés au rôle de bourreaux, arrachaient les membres d'un supplicié. Ces horreurs et tant d'autres ne souilleront plus la société. Le spectacle de la douleur n'a plus d'attrait que pour quelques monstres, et on sait à cette heure que la vue du sang répandu, loin de terrifier les natures portées au mal, les excite, au contraire, et réveille souvent chez les hommes inoffensifs des ardeurs criminelles.

Mais si l'état de nos mœurs a adouci les rapports d'homme à homme, il s'en faut de beaucoup que les progrès du cœur soient assez avancés pour montrer clairement à tous les yeux ce qu'il y a d'injuste et de cruel trop souvent dans les rapports de l'homme, roi de la création, avec les animaux, ses utiles et humbles sujets.

« Toute créature gémit », a dit saint Paul. Ce n'est, hélas ! que trop vrai ; mais s'il ne nous appartient pas de changer l'ordre de la nature en supprimant la douleur, notre conscience nous fait un devoir de l'épargner aux êtres en notre pouvoir. Puisque le Créateur nous a fait naître carnivores, ne cherchons pas à contrarier ses vues ; tuons les animaux propres à nous nourrir, mais que ce sacrifice matériel ne devienne jamais un plaisir immoral.

« Tuons un animal, disait Plutarque, mais que ce soit avec considération et regret, non point par jeu ou par plaisir, ni avec cruauté. »

Pénétrons-nous bien de cette vérité, que tuer ou faire souffrir est un crime toutes les fois que la mort ou la souffrance ne sont pas une nécessité.

Quand l'éducation de nos sentiments sera mieux faite, l'homme qui aura commis sur un animal inoffensif un meurtre inutile nous inspirera le même dégoût et la même aversion, sinon le même sentiment de vengeance, que celui qui aura commis un meurtre inutile sur un de ses semblables.

Si le meurtre inutile d'un homme est toujours et justement plus punissable que le meurtre inutile d'un autre animal, c'est que l'intérêt de la société commande avant toute autre chose le respect de la vie, comme celui de la propriété chez les membres qui la composent.

Quant au *droit*, considéré dans ses rapports avec la justice, il est également violé dans les deux cas ! le sentiment nous le dit autant que la raison.

« Comment qualifier le plaisir qu'on goûte à faire périr des bêtes sans nécessité ? Se persuadera-t-on que le Créateur les ait tirées du néant, afin de procurer aux hommes le barbare divertissement de leur faire souffrir des douleurs aiguës, ou de leur donner la mort ? Avouons qu'à cet égard nous sommes trop indulgents pour nous-mêmes et pour les autres... Un enfant s'amuse à brûler les ailes d'un papillon, à tordre le cou à un pigeon, à jeter son chien du haut d'une tour ; le père indulgent ne voit en cela qu'un amusement honnête ; quelque temps s'écoule, et le jeune homme, plus courageux et plus fort, insulte un pauvre, bat un laquais, blesse à mort un paysan. C'est la même cruauté qui s'ouvre une carrière plus étendue, et qui, si l'on n'y met obstacle, fera tous les jours de nouveaux progrès. Tel se porte aux actions les plus barbares dont la seule idée l'épouvanterait, s'il n'avait pas fait sur les bêtes son apprentissage d'inhumanité. »

Ces paroles si généreuses, si pleines de sens et qu'on croirait écrites d'hier par un des membres de la Société protectrice des animaux, sont traduites de l'anglais, par le docteur Chéreau, d'un ouvrage anonyme imprimé en 1759. On a dû beaucoup rire, à cette époque, de la revendication du *droit des animaux*, et des réflexions de celui qui signait *l'Ami des bêtes*. En effet, dans un temps où, sous un prétexte quelconque, et même souvent sans aucun prétexte, on emprisonnait, on torturait, on exilait et on tuait les hommes, un semblable plaidoyer en faveur des animaux dut paraître tout au moins ridicule.

Peut-être celui qui s'était surnommé lui-même *l'Ami des bêtes* avait-il été inspiré dans ses généreuses réflexions par l'exemple des Indiens, qui depuis un temps immémorial ont fondé l'hôpital des bêtes dans la ville noire de Bombay. Dans une vaste cour de ce curieux hospice, on voit toute une population d'invalides à quatre pattes : chevaux, chiens, bœufs, moutons, singes; et des perroquets, des zébus, etc., qui attendent dans l'oisiveté, et entourés de soins la fin d'une existence jadis active. Une fois là, ils cessent d'appartenir à leurs maîtres pour s'appartenir enfin à eux-mêmes. Ce sont les invalides du travail. Les croyances religieuses des Hindous sur la métempsychose ont rendu pieuse cette fondation, que le sentiment de pitié pour des êtres qui souffrent, uni au sentiment de justice envers d'utiles et zélés serviteurs, n'eût pas suffi, certainement, à consacrer chez ces peuples généralement cruels. En prenant soin des animaux infirmes, ils obéissent à la crainte de l'avenir pour eux-mêmes, et ne font que se montrer égoïstes sous une forme originale. C'est un sentiment d'humanité pure qui fait respecter aux lecteurs des Védas les âmes des trépassés, incorporées dans le corps d'un animal. Les animaux n'ont pas tous les mêmes droits aux yeux des adorateurs de Bouddha. Heureux l'homme qui, après sa mort, renaît sous la forme vénérée d'un veau! Celui-là obtiendra les meilleures places dans la maison de refuge des quadrupèdes; il sera, en outre, l'objet des soins respectueux dans les temples, et les jeunes filles viendront baiser dévotement son museau frais et rose. Pourquoi ces attentions particulières pour le veau? C'est que, dans un moment de colère, la chaste Anoussoyaï changea en cette bête l'infortuné Siva. La vierge, effrayée d'une punition si sévère, voulut revenir sur ce qu'elle avait fait: il était trop tard.

Mais si les animaux sont protégés dans l'Inde par égoïsme humain, ils ont eu des défenseurs plus désintéressés et autrement accrédités parmi nous que les sectaires hindous. C'est dans les saintes Écritures qu'on trouve les plus sages dispositions prises pour la protection des animaux domestiques, non seulement dans le but d'en favoriser le développement, mais aussi parce que les prophètes avaient reconnu cette grande vérité philosophique, que tout s'enchaîne dans l'immense solidarité du bien et du mal, et qu'au point de vue de la morale pure, il n'y a pas plus de petites injustices qu'il n'y a de petites perfidies et de petits crimes. On est ou on n'est pas injuste, perfide ou criminel.

Quelques citations des livres sacrés seront ici naturellement à leur place :

« Vous travaillerez pendant les six jours de la semaine, et le septième vous ne travaillerez point, afin que votre bœuf et votre âne se reposent et que le fils de votre esclave et l'étranger aient relâche.

» Vous ne ferez aucune œuvre servile en ce jour-là, ni vous, ni votre fils, ni votre fille, ni votre serviteur, ni votre servante, ni votre bœuf, ni votre âne, ni aucune de vos bêtes.

» Vous ne lierez point la bouche du bœuf qui dépique votre grain dans l'aire.

» Si, marchant dans un chemin, vous trouvez, sur un arbre ou à terre, le nid d'un oiseau et la mère qui est sur ses petits ou sur ses œufs, vous ne retiendrez point la mère avec ses petits ; mais ayant pris les petits, vous la laisserez aller, afin que vous soyez heureux et que vous viviez longtemps.

» Si vous voyez l'âne de celui qui vous hait, abattu sous sa charge, vous ne passerez point outre, mais vous l'aiderez à se relever.

» Le juste se met en peine de la vie des bêtes qui sont à lui ; mais les entrailles des méchants sont cruelles.

» On est tenu, le jour du sabbat même, de mettre une couverture sur les animaux pour les protéger contre le froid.

» Ne laissez jamais souffrir un animal de la faim. Il est défendu de se mettre à table avant d'avoir donné à manger à ses bêtes.

» Quiconque n'aura pas compassion des animaux sera éprouvé par la douleur ; quiconque aura pitié des animaux souffrants attirera sur lui la pitié, quand il aura à souffrir. »

Voilà de belles et sages prescriptions que l'esprit de l'Évangile semblait devoir fortifier dans notre esprit. Malheureusement les lois divines ne suffisent pas toujours pour réformer les travers de l'humanité. Il a fallu que les lois humaines vinssent au secours des animaux, en inspirant à leurs persécuteurs la crainte de l'amende et de la prison.

Un homme d'un esprit sain et d'un cœur compatissant, *mens sana in corpore sano*, M. le général de Grammont, aura l'éternel honneur d'avoir, dans notre pays, provoqué en faveur des bêtes, — pourrait-on dire que ce ne soit pas aussi en faveur des hommes ? — une loi protectrice des animaux domestiques. Sans doute, la loi Grammont est insuffisante, et le général demandait plus qu'il n'a pu obtenir en faveur du droit des bêtes ; mais le principe est consacré, et c'est le point essentiel ; le reste viendra plus tard.

Quelle âme noble et quel bon sens dans le rapport de cet homme de bien !

Écoutez, car le sujet est neuf pour beaucoup de personnes et assurément rempli d'intérêt pour tous. Nous sommes au 7 janvier 1850 :

« La législation française, disait-il, s'est occupée des animaux au point de vue de la *propriété* ; elle garde le silence sur la part de *justice* et de *pitié* qui leur est due... En présence des faits les plus concluants, tout le monde reconnaît qu'une loi sur cette matière est devenue *indispensable* : l'Angleterre, la Bavière, la Suisse et la plupart des États de l'Allemagne sont parvenus, à force de soins et de persévérance, à fonder des institutions protectrices... Il est digne de l'Assemblée nationale de s'occuper sans retard d'une loi qui, en adoucissant la condition des animaux, instruments précieux de notre existence, agents indispensables de nos besoins comme de nos plaisirs, vienne en même temps mettre un terme à des *abus aussi contraires à la morale qu'à son intérêt matériel.*

» Prévenir les mauvais traitements, *c'est travailler à l'amélioration morale des hommes* et à l'amélioration physique des animaux. *La douceur, la pitié à leur égard tiennent plus qu'on ne pense à l'humanité ;* car l'homme dur et cruel envers les animaux le sera pour tous les êtres confiés à son autorité ou à sa protection. La loi en rendant les actes de barbarie plus rares, *améliorera les mœurs* et fera disparaître peu à peu les spectacles révoltants qui *familiarisent l'homme avec la vue du sang,* et font *germer dans le cœur de l'enfant des habitudes de cruauté* qui influent plus tard sur sa destinée... L'homme qui, dans son enfance, s'amuse à torturer les animaux, se prépare peut-être à devenir un grand criminel. L'histoire de tous les temps nous en fournit des preuves nombreuses. »

M. le général de Grammont avait grandement raison ; la plupart des hommes pervers et méchants qui ont épouvanté le monde de leurs exécrables forfaits ont préludé au meurtre des hommes par le meurtre des animaux.

Néron, dans son enfance, écartelait des lapins vivants.

Domitien plumait des volailles vivantes, et cassait les pattes de petits oiseaux qu'il laissait ensuite s'envoler, se réjouissant à l'idée qu'ils ne pourraient se reposer nulle part, n'ayant plus de pattes, et mourraient de faim après de vains efforts pour reprendre leur vol.

Pierre le Cruel, roi d'Espagne; Pierre le Cruel, roi de Portugal; Pierre le Grand et le Cruel aussi, empereur de Russie, furent conduits à leurs plus grands forfaits par de petites cruautés commises sur des animaux inoffensifs.

Bon nombre de rois de France souillèrent leur enfance par des atrocités de ce genre avant de souiller leur âge mûr par des exécutions et des massacres d'hommes.

Louis XIII avait un penchant irrésistible pour le meurtre; il aimait à voir tuer hommes et bêtes indifféremment. Tallemant des Réaux rapporte qu'au siège de Montauban ce monarque se réjouit fort à voir jeter dans les fossés du château qu'il habitait les protestants grièvement blessés. Il s'installait commodément pour ne perdre aucun de leurs soupirs, aucune de leurs convulsions. Enfiévrés par leurs blessures, ces malheureux demandaient de l'eau; il défendit qu'on leur en donnât. Les mouches couvraient leurs plaies saignantes pendant que le roi s'amusait à contrefaire les *grimaces des mécréants.*

Un jour que, dans son enfance, ce prince, — prince du *sang*, — avait pris plaisir à écraser lentement, entre deux pierres, la tête d'un moineau vivant, Henri IV, son père, fouetta d'importance le petit criminel. Le jeune Louis, qui ne voulait pas qu'on lui fît ce qu'il aimait tant à faire à autrui, pleura, cria, trépigna et appela sa mère à son secours. Marie de Médicis, sans être, comme on sait, ni un modèle de douceur ni un modèle de vertus, n'en était pas moins mère. Elle retira son fils du martinet paternel, et gratifia le bon Henri d'une mercuriale qui plut médiocrement à Sa Majesté.

« Priez Dieu, madame, lui dit le Béarnais, que je vive longtemps, car vous pouvez bien croire que ce méchant garçon-là vous maltraitera fort quand je n'y serai plus. »

Tout le monde sait que Marie de Médicis mourut à soixante-huit ans à Cologne, exilée et réduite à la dernière des misères par son propre fils. Henri IV s'était montré prophète.

Qui ne connaît l'histoire de la biche de Louis XV ? Il avait treize ans et il aimait fort à tuer les animaux à coups de fusil : plaisir royal. Pour divertir ce jeune prince on lui avait laissé élever une biche blanche qui aimait son maître de cet amour de bête aussi profond que dénué d'artifice. Un jour qu'elle mangeait dans sa main, il lui vint la fantaisie de la tuer. Il demanda un fusil, la fit éloigner de quelques pas, tira et la blessa ; la biche ne comprenant pas, accourut à lui comme à son ami, toute saignante et se mit à lui demander protection et à le caresser; il la fit repartir, tira une seconde fois, et l'acheva. Plus tard Louis XV traita plus humainement ses biches du parc au cerf.

Oui, l'enfant qui s'amuse à torturer les animaux se prépare à devenir sinon toujours un grand criminel, du moins un homme insensible, par conséquent méchant et pervers.

Cette observation si vraie, d'une si haute moralité et si noblement présentée par l'illustre général, émut la Chambre tout entière, et la loi Grammont sortit triomphante, ayant pour parrains la religion, la philosophie, la morale et la justice. Avec de tels appuis on fait son chemin dans le monde.

Voici le texte de cette loi si peu connue, et qu'il nous faut connaître, pour apprécier comme ils méritent de l'être, les faits et les observations qui font l'objet de cette étude :

« Seront punis d'une amende de 5 à 15 francs, et pourront l'être d'un à cinq jours de prison, ceux qui auront exercé publiquement et abusivement des mauvais traitements envers les animaux domestiques. L'article 483 du code pénal sera toujours applicable. La peine de la prison sera toujours appliquée en cas de récidive.

Comme on le voit, quoique généreuse, cette loi, est néanmoins timide ; la protection ne s'applique qu'aux animaux domestiques maltraités *publiquement*. D'où il semblerait résulter, pour ceux qui les maltraitent en champ clos, l'impunité de leurs mauvaises actions. Aussi de généreux efforts ont-ils été tentés, à diverses reprises par la Société protectrice des animaux, afin de donner à la loi toute l'extension que réclament d'effroyables abus.

« L'Angleterre, dit un mémoire que nous avons sous les yeux, possède un code presque complet sur la protection qu'elle étend même en partie jusqu'aux animaux sauvages. Et ce peuple, si fier de sa liberté, ne craint pas, en certains cas, de pénétrer dans le domicile des citoyens pour y constater les abus secrets dont les animaux domestiques sont l'objet.

» Tous les États de l'Allemagne, la Suisse, l'Italie, font de la protection un objet de religion et d'éducation politique. La France, si intelligente, ne doit pas se laisser devancer par ses voisins dans une grande œuvre civilisatrice.

» Nous formons donc des vœux pour que l'autorité ne se borne pas à *faire exécuter la loi actuelle*, — mais aussi pour qu'elle fasse *étudier un nouveau plan de législation* plus étendu, sur un objet si essentiel; — surtout pour qu'elle fasse *pénétrer dans l'éducation et dans les mœurs publiques* les habitudes protectrices, afin qu'en propageant dans tous les rangs de la société l'esprit de justice et le sentiment de bienveillance, elle facilite et féconde les rapports des hommes entre eux comme avec les animaux, et qu'ainsi, en prévenant le mal, elle s'exonère en partie des pénibles devoirs de la répression.

» Nous affirmons, d'ailleurs, avec une profonde conviction, après une étude sérieuse du sujet, que, sous une forme modeste, la protection des animaux constitue dans son ensemble une œuvre vraiment religieuse et humanitaire qui, bien comprise et bien dirigée, tendrait, selon les lois et la parole de Dieu, à renouveler la face de la terre en harmonisant tous les rapports, — en améliorant et perfectionnant à la fois le sort de l'homme et celui des animaux, — en accomplissant ce premier commandement donné à toute la race humaine dans la personne de ses premiers ancêtres : « *Présidez à tous les animaux*, et as-» sujettissez-vous la terre. »

Enfin disons, pour n'oublier aucun des États européens qui ont consacré le principe dont il est ici question, qu'une loi a été adoptée par les chambres du royaume de Danemark dans le but de punir les mauvais traitements envers les animaux domestiques et *autres*. Cette loi a été promulguée. Elle inflige des amendes qui vont jusqu'à 200 rixdalers (près de 500 francs), combinées avec un emprisonnement qui peut être porté à un mois. Ces peines sont appliquées sur tous les délinquants, que les animaux maltraités ne soient pas leur propriété ou qu'ils la soient.

Mais en Danemark moins que partout ailleurs, peut-être, les animaux avaient besoin d'une loi pour les protéger. Ce doux pays, qu'il m'a été donné de visiter dans des circonstances si pénibles pour lui, quand il eut à soutenir en 1864 à propos de la question du Sleswig, une guerre disproportionnée contre la Prusse et l'Autriche coalisées, justifie pleinement ce qu'en a dit un poète célèbre : « La nature n'a pas inutilement prêché en Danemark sa riante philosophie. Elle y a

créé une race de bonnes gens d'une complexion douce,
avec quelque chose de blond dans le caractère comme
dans la chevelure, avec la mélodie du cœur dans le
son de la voix, avec le calme et le sourire dans le regard. »

On ne saurait dire plus juste et mieux. Au reste, et
je l'ai écrit ailleurs [1], la riante philosophie prêchée
par la nature en Danemark, n'a pas borné à l'homme
ses effets bienfaisants; ils se sont étendus sur tout ce
qui vit et respire. Les animaux sauvages ne le sont
presque pas dans cet excellent pays, et je n'ai pas été
peu surpris de voir les oiseaux venir se poser à mes
pieds, et les cerfs eux-mêmes, si ombrageux partout,
se déranger à peine de quelques pas pour me laisser
passer. Il est vrai que l'homme, ce tyran de la création, cet assassin des bêtes, est l'ami compatissant des
animaux en Danemark.

Dans ce pays exceptionnel il n'y a, pour ainsi dire,
pas d'exemple qu'un charretier ait surmené ses chevaux et les ait frappés brutalement. Combien en cela
la France diffère du Danemark [2]! Là-bas on chasse
par nécessité, très rarement par plaisir, et les animaux qu'on mène à l'abattoir ne subissent point d'a-
bominables et inutiles tortures. Non seulement on ne

---

1. *Le Danemark tel qu'il est*, un volume.

2. Un jour j'eus, à Copenhague, l'occasion d'adresser à un
Danois la question suivante :

— Viendrez-vous un jour à Paris ?

— Non, me répondit-il, on maltraite trop les animaux dans
votre pays.

tue pas, en Danemark, les petits oiseaux, comme dans
notre belle patrie, pour le seul plaisir de les tuer le
plus souvent, mais les paysans poussent la compassion
jusqu'à leur épargner pendant l'hiver, et quand la
terre est couverte de neige, les horreurs de la faim.
De temps à autre ils attachent aux branches dénudées
des arbres des bouquets de millet pour ces pauvres
petits ailés qu'ils ne sauraient voir souffrir sans souffrir eux-mêmes. De pareils traits peuvent paraître
puérils à certaines personnes; aux yeux du philosophe
et du moraliste, ils sont toute une révélation. Pour
ma part, j'ai été bien agréablement ému en parcou-
rant l'ile d'Als, qui n'était alors qu'un immense tapis
de neige, de voir des bandes de petits oiseaux volti-
ger en gazouillant de joie autour des bouquets de
millet qu'une main providentielle avait apportés le
matin, malgré les terribles préoccupations du moment. Quand des hommes de cette douceur déploient
devant l'ennemi le courage dont je les ai vus faire
preuve, il faut leur rendre hommage. Ce sont des
hommes, comme dit Shakspeare.

Et maintenant abordons sans autre préambule la
tâche que nous nous sommes imposée. Elle sera, hélas! souvent pénible, souvent aussi curieuse et ins-
tructive, et parfois poétique et touchante. Elle ne sera
pas inutile non plus, j'ose l'espérer; surtout quand
on songe — consolante pensée — que, dans bien des
circonstances, c'est moins par un calcul de méchanceté que par légèreté, négligence, esprit de routine
ou imprudence, que les animaux ont à souffrir des

traitements cruels qu'on leur inflige. Le mal est donc remédiable, jusqu'à un certain point, et c'est déjà faire le bien que tenter de combattre le mal.

Commençons par les rapports de l'homme avec le cheval. A tout seigneur tout honneur.

II

LE CHEVAL

Le mieux qui puisse généralement arriver au plus
doux et au plus vaillant des chevaux, c'est d'être
traité comme on traite dans les derniers des bagnes
les derniers des scélérats humains, ceux qui couron-
nent leur carrière en assassinant leur gardien, c'est-à-
dire de travailler sans cesse, de ne se récréer jamais,
d'être fouetté modérément, d'être nourri suffisamment, et pour finir, de mourir de la main du bourreau,
par un moyen expéditif.

Nous sommes tellement habitués dès notre naissance à voir le dur esclavage des chevaux, que beaucoup de gens parmi les meilleurs n'ont pas même
songé un seul instant à les plaindre.

Il y a des personnes qui ne se figurent les morues
que salées et aplaties sur l'étal de l'épicier.

Il en est aussi qui n'ont jamais imaginé un cheval
autrement qu'un fer à la bouche, un énorme collier

au cou qui ronge sa peau souvent et pénètre dans les chairs, enlacé partout de cuir, un monsieur sur son dos, ou traînant une charge quelconque, avec accompagnement obligé de vociférations et de coups de fouet.

Il existe même d'excellentes créatures qui vous disent avec une naïveté féroce que Dieu a créé le cheval dans l'unique but de servir l'homme tant qu'il en a la force pour être ensuite tué, l'abattoir étant le seul hôtel des invalides fondé en faveur des chevaux par la reconnaissance de l'homme, seigneur et maître. Le Créateur, disent ces bonnes gens, a refusé une âme au cheval, ainsi que tout moyen de défense, afin que l'homme pût sans aucun scrupule, comme sans crainte aucune, le maltraiter tout à son aise.

Singulière logique, en vérité ! Ne serait-il pas plus raisonnable et plus humain aussi de conclure que si les chevaux n'ont pas d'âme, et s'ils ne peuvent espérer aucune compensation, dans un monde meilleur, des épreuves de celui-ci, la justice nous commande d'être d'autant plus compatissants à leur égard ? Que je comprends bien les scrupules du poète chrétien lorsqu'il s'écrie :

> Ah ! loin des animaux écartons la pensée
> Pour calmer nos remords et *sauver notre honneur*.
> Croyons que nos sujets ignorent leur malheur [1].

Non ! Dieu n'a pas plus fait le cheval avec des instincts violents de liberté et des jarrets d'acier pour être

---

1. Racine.

emprisonné dans des brancards ou enchaîné à un râtelier qu'il n'a fait l'homme pour être dévoré par le tigre, le lion, le loup ou le crocodile, quand un de ces animaux s'en empare. Dans l'un et dans l'autre cas, il y a soumission ou capture par la force et la violence.

Evidemment chaque animal a été créé pour lui-même et non pour d'autres ; la preuve, c'est que tous sont plus ou moins armés pour l'attaque et la défense, et que tous aussi possèdent à un même degré l'instinct de la conservation.

Oui, mais voici : précisément parce que chaque animal a été fait pour lui-même et non pour d'autres, il est par cela même invinciblement poussé à s'approprier dans la nature tout ce qui peut contribuer à son bien-être.

A ce point de vue indiscutable et indiscuté, l'homme a des droits incontestables à soumettre à son service tous les animaux de la création.

Ayons donc des animaux pour nous nourrir, puisque notre estomac l'exige, ayons-en pour exécuter les durs travaux jusqu'à ce que la mécanique, cette force *insensible*, nous ait fourni un complément de muscles et de vie artificielle, mais soyons humains, puisque nous sommes hommes. Songeons en outre, — et cette considération plus que toute autre, peut-être, devrait arrêter notre bras implacable, — que le mal superflu que nous faisons endurer aux animaux est un mal dont leur intelligence nous rend responsables. M. Flourens l'a dit : « Les animaux reçoivent par leurs sens des impressions semblables à celles que nous recevons par les nôtres; ils conservent comme nous la trace de ces impressions; ces impressions conservées forment dans leur intelligence, comme dans la nôtre, des associations nombreuses et variées; *ils les combinent, ils en tirent des rapports,* ILS EN DÉDUISENT DES JUGEMENTS. »

Ce qui sépare l'homme de la bête radicalement, nettement, c'est la réflexion, « cette faculté suprême qu'a l'esprit de l'homme de se replier sur lui-même et d'étudier l'esprit »; ce sont les facultés morales qui n'appartiennent qu'à lui. Mais n'est-il pas clair pour tous que nous méprisons ces mêmes facultés quand nous demandons à un serviteur quelconque, qu'il soit nègre en Amérique, cheval ou bœuf en Europe, toute une vie de dévouement et de labeur en échange du mépris et des mauvais traitements?

J'hésite, tant j'ai peur de contrister mes sensibles lectrices, à dresser devant elles le tableau de la vie de ces pauvres et si bonnes bêtes. Il le faut pourtant!

Le cheval, que nous condamnons à mourir assassiné à vingt-huit ou trente ans, — en abrégeant son existence de dix ans au moins, par le défaut de liberté, l'excès de travail et les mauvais traitements, — n'a de bon temps que les deux premières années de sa vie. Depuis le moment où il prend pied sur la terre en trébuchant comme une victime poussée par la main implacable de la destinée, jusqu'au moment où il pourra sans danger pour sa conservation, commencer son dur apprentissage de traîneur et de porteur,

tout lui sourit. Il gambade comme un enfant insou-
cieux et folâtre autour de sa mère qui joue avec lui en
le mordillant, en faisant mine de le fuir ou de vouloir
l'attraper. Il suce à loisir un lait copieux et fortifiant,
et s'endort plein de confiance dans de vertes et gras-
ses prairies qui récréent sa vue en attendant qu'elles
nourrissent son estomac. Pauvre poulain! il pourrait
se croire en droit de réclamer, comme tous les fils de
la création, sa part de soleil et de liberté ; il n'en est
rien. Dès qu'il peut porter ou traîner quelque chose,
on lui passe dans la bouche l'horrible instrument de
torture qu'on appelle un mors, on l'habille de cuir,
de bois et de fer, de manière le plus souvent à entamer
son cuir, et en voilà jusqu'au jour, où fourbu, tanné
vif, abruti par un travail excessif, des soins insuffisants et des coups en abondance, il part d'un trot raide
et pénible chez l'équarrisseur son bienfaiteur ; son
bienfaiteur, entendons-nous bien, si c'est un homme
compatissant qui fasse son métier en conscience.
Mais il en est qui oublient de tuer les chevaux et les
laissent mourir de faim. D'autres... mais n'antici-
pons pas et procédons par ordre, car ce n'est pas
toujours chez l'équarrisseur que finit le cheval.

Mais les chevaux de course, me direz-vous, ces jolies bêtes si fines et si pleines de feu. Ceux-là souffrent
cruellement du régime de l'entraînement, et risquent
à chaque steeple-chase de se rompre la colonne vertébrale et d'envoyer mordre la poussière à la casaque
orange qui les monte, aux applaudissements des oisi-
ves élégantes, auxquelles il faut de fortes émotions, et

Les chevaux de course souffrent du régime de l'entraînement et risquent à chaque steeple-chase
de se rompre la colonne vertébrale.

qui sont d'ailleurs le plus bel ornement de ces jeux d'importation britannique. Du reste les chevaux de course ne sont pas toujours à l'abri des dures épreuves de la vieillesse. Mme la comtesse Clémence de Corneillan rappelait, il n'y a pas bien longtemps, à une séance de la Société protectrice des animaux, l'histoire d'un célèbre cheval de course vendu, après avoir passé de main en main, à un cocher de fiacre. Ce cheval avait rendu millionnaire le maître auquel il avait d'abord appartenu.

Les chevaux de selle, à Paris, sont de tous leurs pareils les moins à plaindre, quand, pour leur donner de la vivacité dans le regard, on ne leur met pas le feu au... à l'opposé du devant. Voici ce que dit M. Villeroy dans un des numéros du *Journal de l'Agriculture*, dévoilant les mystères du gingembre appliqué au cheval de selle (usage interne):

« Le gingembre n'est un secret pour personne; mais, s'il est administré, ce devrait être par un palefrenier dans l'écurie, et non en présence de tous par un élégant jeune homme qui, après avoir pris dans la main gauche la queue du cheval, casse avec ses dents un morceau de gingembre, puis l'enfonce aussi avant que possible — inutile de dire où — avec les doigts de la main droite. »

On le voit, c'est une sorte de chargement par la culasse.

Il faut en convenir, les anciens se sont montrés infiniment plus justes et plus humains que les modernes envers leurs chevaux. A Athènes, on élevait des mo-

numents aux chevaux triomphants dans les courses,
et on gravait sur le marbre leur nom, leur âge, leur
sexe, la couleur de leur poil, leur taille, le lieu de
leur naissance. Les poètes célébraient leurs exploits,
et, ce qui valait mieux que des vers pour ces pauvres
bêtes, elles étaient, durant leur vie, logées, nourries
et soignées aux frais de la république. Ces mêmes
Athéniens votèrent une pension alimentaire aux mulets qui avaient été employés à la construction du
temple hécatompédon. C'était une noble occupation
que celle de soigner les chevaux, et l'histoire cite,
parmi les plus grands rois et les plus illustres guer-
riers des *palefreniers* qui avaient nom Achille, Priam,
Nestor, Agamemnon, etc. Miltiade fit enterrer avec
magnificence dans le Céramique trois de ses cavales
victorieuses. Enfin un des titres les plus recomman-
dables aux yeux des Hébreux, un titre qu'ils donnaient
à leurs saints, était celui d'*homme bon pour les animaux.*

A notre époque dont on ne cesse de vanter les
progrès en toutes choses et les gloires de la civilisation, quels que soient les services rendus par les chevaux quand ils sont jeunes, beaux et vigoureux, leurs
misères se multiplient et s'accroissent en raison de
leur affaiblissement et de leur âge. C'est fatal. Les uns
passent aux voitures de remise, les autres sont attelés
à des fiacres jusqu'à ce qu'ils soient vendus aux dé-
ménageurs pour le service de la voirie ou pour celui
des usines.

On peut dire sans crainte de se tromper que les chevaux attelés aux tombereaux pour le nettoyage des rues et aux voitures de déménagements, souffrent continuellement de la faim. Étant vieux et ne pouvant donner qu'un faible bénéfice, ils n'ont droit, d'après leurs maîtres, qu'à une part relative de nourriture, calculée sur ce qu'ils rapportent. C'est odieux, mais c'est ainsi. Dans les derniers temps de leur existence, on ne leur donne guère que de la paille!... avec force coups de fouet et coups de pied sur le ventre pour les réconforter [1].

Les chevaux de manège sont assimilés aux machines. Ce sont, en effet, de véritables machines à vapeur vivantes. Condamnés, sans être aveugles, à vivre dans l'obscurité, on leur bande les yeux pour que le découragement et la défaillance ne viennent pas ralentir leur marche lente et opiniâtre autour d'un cercle éternel. Dans ce travail désespérant, affreux, l'intelligence est inutile ; les muscles seuls sont mis en action et la brute s'abrutit. Personne ne parle jamais à ces damnés de l'enfer de ce monde dont le grand tourmenteur est l'homme puissant, orgueilleux et misérable. Pourquoi leur parler ? Dans le silence, l'isole-

---

1. Il est des peuples, disons-le à leur honneur, qui se contentent de faire travailler les chevaux et ne les maltraitent pas. Les races du nord sont plus compatissantes que celles du midi. Le Français est émerveillé en arrivant à New-York de constater que le fouet est inconnu des charretiers et des cochers américains. Ils conduisent les chevaux à la parole. En France les charretiers parlent peu : ils frappent à coups redoublés. C'est leur vocabulaire.

Les chevaux attelés aux tombereaux pour le nettoyage des rues.

ment et l'obscurité où s'accomplit leur vie de labeur
marchant sur leurs propres pas, sans savoir d'où ils
partent et où ils vont, ils pourraient regretter la voix
sauvage et jusqu'aux coups de fouet du charretier. Le
charretier, tout cruel, tout despote qu'il soit est encore un compagnon. Le cheval de manège n'a point
de compagnon. Isolé de tout, il marche dans la nuit,
seul, agitant après lui la lourde masse qui use ses
forces, et qu'il ne peut définir. Il pourrait se croire
un être unique dans la création, si une main invisible et silencieuse ne venait de temps à autre s'appe-
santir cruelle sur lui, pour le stimuler dans son travail fatal et mystérieux. On le frappe, mais comment ?
On ne se donne pas même la peine de le battre. Il
est frappé à la mécanique ! Oui, à la mécanique. Si,
fatigué ou étourdi, il tente de s'arrêter un instant,
la machine à battre est disposée de manière qu'un
gourdin tombe dru sur son échine, et lui fasse reprendre son allure ordinaire. Atroce !

Je ne ferai que signaler en passant le service, véritablement épouvantable, des chevaux attelés aux
voitures de matériaux de construction. Presque toujours ils sont surchargés et conduits par des hommes
qui, pour la plupart, méritent à peine ce titre. Les
brutalités de ces charretiers sont journalières et publiques, et restent le plus souvent impunies. Ils ont
pour coutume invariable, ces bourreaux, de fouetter
leurs chevaux toutes les fois qu'ils commettent une
maladresse, eux charretiers, ou qu'ils éprouvent une
contrariété quelconque. « Ce n'est pas uniquement

de la cruauté, dit justement M. Fée dans son ouvrage sur *les Misères des animaux*, c'est aussi de la lâcheté. Si ces hommes avaient affaire à quelque animal capable de se défendre, ils se montraient plus justes. La loi punit ces excès, mais combien en est-il d'impunis! »

Quatre genres de mort sont réservés en Europe au plus utile et au plus noble des animaux domestiques, au cheval, pour le récompenser de ses travaux :

1° Par la main de l'équarrisseur ;

2° Par le scalpel du physiologiste ou du vétérinaire, qui le dissèque vivant ;

3° Par la corne des taureaux, condamnés comme lui à mourir dans le cirque ;

4° Par les sangsues, qui le dévorent vif en plusieurs fois et à plusieurs jours d'intervalle.

Examinons ces divers genres d'assassinat.

La mort du cheval par l'équarrisseur est prompte et peu douloureuse, si l'exécuteur est habile et qu'il fasse consciencieusement sa pénible besogne. Elle pourrait être instantanée et sans nulle souffrance, au moyen d'une décharge électrique. Mais, hélas! la sensibilité, la compassion ne sont pas d'ordinaire les qualités qui distinguent les équarrisseurs. Beaucoup de ces hommes, s'étant affranchis du préjugé qui empêche encore les Français de se nourrir de viande de cheval, choisissent parmi les condamnés à mort les moins dégradés pour les manger. Mais comme les équarrisseurs sont généralement persuadés que la *viande vivante* — c'est leur farouche expression — est plus succulente que la *viande morte*, ils se taillent galamment un rôti sur le corps de l'animal debout, et ne l'abattent quelquefois que lorsque la viande est cuite et qu'ils ont terminé leur repas.

Ces monstruosités existent, et nous n'avançons que des faits avérés.

Il est des équarrisseurs qui, pour rire — toutes les professions ont leurs joies — enfoncent un clou dans la tête des chevaux par gradation pour voir jusqu'à quel degré de profondeur on peut pénétrer dans la cervelle de ces animaux avant qu'ils ne tombent, et la mine qu'ils font.

Quelque révoltantes que puissent paraître ces horreurs, elles sont peu de chose si on les compare aux tortures véritablement infernales que, sous le nom de vivisection des savants ou de prétendus savants, font subir à des chevaux dans les amphithéâtres des écoles vétérinaires.

On ferait un volume de ces horreurs qui sembleraient être le récit d'un affreux cauchemar.

Je connais une jeune femme, mère d'un bébé délicieux qu'elle nourrit de son lait. Que le lait maternel est bon ! L'enfant n'a pas six mois, on lui en donnerait presque le double tant il est développé, blanc, rose, vif, intelligent.

— Monsieur, me dit-elle, j'ai ouï dire que, ami des êtres faibles et besogneux, comme d'autres le sont des forts et des riches, vous vous êtes fait en même temps que le protecteur des enfants, dans la mesure de votre pouvoir, le protecteur des bêtes aussi.

— On ne vous a point trompée, répondis-je à la dame, et pour une série d'études publiées, dans une *Revue* sur les rapports de l'homme avec les animaux domestiques, j'ai mérité de la Société protectrice des animaux une médaille, tout comme mon éminent confrère Aurélien Scholl, pour sa ravissante *Follette*, une illustre héroïne de la vivisection.

— Vous avez dit le mot, et c'est précisément là-dessus, Monsieur, que je voudrais vous consulter. Voici ! Il paraît qu'on vient de former à Paris une ligue contre la vivisection ou, pour parler plus exactement, contre l'abus de la vivisection. On a voulu m'enrôler dans cette ligue et je n'ai dit ni oui ni non, savez-vous pourquoi ?

— J'attends vos explications, Madame.

— Eh bien ! parce que je ne sais pas au juste ce que ce mot signifie. Je sais seulement qu'il s'agit d'animaux savants ou de savants et d'animaux, tout cela se mêle un peu dans mon esprit.

— Madame, si les savants sont tous des animaux, les animaux ne sont pas tous savants ; mais une confusion en pareil cas est explicable. Vivisection vient de deux mots latins : *vivus*, qui veut dire vivant, et *sectio* qui signifie couper. Couper l'animal vivant.

— Quelle horreur ! car enfin, les animaux vertébrés et à sang chaud, organisés comme nous, souffrent comme nous, et rien ne nous prouve que jusqu'à un certain point, ils ne pensent pas comme nous.

— Vous avez parfaitement raison, Madame, et tous les physiologistes en conviennent.

— Mais alors, un chien par exemple, se rend parfaitement compte de sa situation quand il est attaché sur la table de tortures où le physiologiste pour surprendre les secrets de la vie fouille dans son corps vivant, jusqu'à ce qu'il meure en proie aux plus atroces douleurs physiques et morales qu'aient jamais pu imaginer dans l'enfer les desservants du diable.

— Vous l'avez dit, Madame.

— Est-ce donc que le martyre atroce des chiens, des chats et des chevaux, ces amis et fidèles serviteurs des hommes, est nécessaire à la conservation de notre espèce, à la science.

— Madame, on abuse beaucoup de ce nom respectable de science. Les savants assez savants pour profiter de l'art de la vivisection — car c'est un art comme de chanter ou de jouer du piano — sont bien peu nombreux auprès de tous ceux qui travaillent dans le vif sans profit pour eux ni pour personne. Mais on vivisectie pour se donner de l'importance aux yeux des ignorants ; par genre aussi et par entraînement, la vivisection étant devenue à la mode.

— En vérité !

— Je n'exagère rien, Madame. Il y a des amateurs vivisecteurs qui vivisectent par curiosité. On a pu entendre des dialogues dans le genre de celui-ci :

« — Vous partez, cher ami. Vous m'emmenez pas votre chien ? — Non. — Alors, et puisqu'il vous est devenu, inutile, laissez-le moi donc, je le vivisecterai.

— Très volontiers puisque cela peut vous être agréable... Médor, mon pauvre chien, va avec Monsieur, va !... »

— Ce n'est pas possible ? De pareils faits ne peuvent se produire !

— Si, Madame, et ils ne sont pas rares. Un jour étant allé rendre visite à une dame qui avait un fils de dix-huit ans, je vis ce jeune homme en train d'électriser un singe. « Je fais, me dit-il, une expérience. Je veux voir l'effet d'un courant électrique sur cet animal et étudier les phases par lesquelles il passera jusqu'à la mort. » Ce jeune homme était ignorant, mais, entraîné par le grand mouvement vivisectionniste, il faisait en amateur ces petites expériences. Et comme il était riche, il se payait des singes au lieu de vulgaires lapins. Je sauvai la vie au malheureux capucin à queue prenante qui était déjà aux trois-quarts mort (on verra plus loin les preuves d'attachement et de reconnaissance qu'il me donna), et je mis sous les yeux du jeune tourmenteur qui se disait physicien, ces paroles de Victor Meunier :

« Il ne suffit pas d'invoquer à tort et à travers le nom de la science, pour que la cruauté changeant de caractère et de nom, devienne un acte méritoire. On ne peut tolérer que la foule des êtres sensibles soit pressée, torturée, broyée, coupée avec la même impassibilité, le même laisser-aller, le même calme de conscience qu'on met à fouler aux pieds le gazon des pelouses. »

— Monsieur, c'en est assez, je serai de la ligue antivivisectionniste.

— Soit, Madame, mais je n'ai pas tout dit sur ce triste sujet qui, depuis un mois et plus, défraie toutes les chroniques des journaux parisiens et prend la place de tous les comptes rendus scientifiques.

Si l'on passe des vivisections faites à titre d'expériences physiologiques, aux vivisections qui ont pour objet de pratiquer des opérations chirurgicales nouvelles ou simplement d'habituer les élèves en médecine à voir couler le sang avec indifférence, *l'art* de la vivisection apparaît plus repoussant, plus hideux encore.

Il est clair que les opérations chirurgicales faites sur des chevaux qui n'ont besoin d'aucune opération, et comme simple démonstration, sont de ces atrocités scientifiques dont l'utilité peut être discutée, mais dont l'abus et l'immoralité ne laissent aucun doute. L'homme, évidemment, outrepasse ses droits naturels et ses prérogatives de savant, en coupant vivants par

morceaux, les animaux dont il s'est fait le maître par
la force et la ruse, après les avoir condamnés toute
leur vie à un travail sans relâche. Opérer des animaux
bien portants, uniquement pour s'exercer la main, est
une abomination qui ne fera pas excuser le nom scientifique dont on décore cet épouvantable supplice. Il
faut que nos lectrices sachent, puisque la ligue des
antivivisecteurs est ouverte et qu'elle a eu, ce qui devait être, des femmes pour inspiratrices, il faut, disons-
nous, que nos lectrices sachent qu'un cheval est pério-
diquement livré comme sujet d'expériences à un groupe
d'élèves pour se faire la main, voir le spectacle de la
douleur et la causer soi-même sans en être nullement
incommodé, en riant. Les élèves couchent par terre le
malheureux animal, lui lient les membres pour empêcher tout mouvement et travaillent *dix heures durant sur la chair vive*, avec le scalpel, la scie et le
couteau. Les opérations sont graduées de telle sorte
qu'on en peut faire une *soixantaine et davantage!*

Cette torture qui se renouvelle souvent est inutile,
attendu que les opérations chirurgicales qui sont pos-
sibles dans la pratique vétérinaire, se réduisent à un
nombre assez restreint. Dans le cas de lésion grave,
d'affection dangereuse ou de fracture, l'animal est ordinairement abattu, soit par économie, soit par pru-
dence.

A propos de la ligue antivivisectionniste qui paraît
devoir faire son chemin en France, mais qui trouve
— le croirait-on? — nombre d'adversaires dans la
presse, l'auteur de *Follette* dont nous parlons plus

haut, a entrepris contre l'abus de la vivisection une campagne où le bon sens se mêle à l'esprit, le sentiment d'une morale élevée et d'une juste pitié au véritable intérêt public. Je ne puis résister à reproduire ce passage éloquent dans son style humouristique du plus célèbre de nos chroniqueurs.

— Le programme de la Ligue populaire contre l'abus de la vivisection, qui donne tant de marge aux vivisecteurs, a été l'occasion d'un véritable déchaînement dans la presse parisienne. Il n'y a pas jusqu'au plus petit docteur à dix centimes la consultation qui n'ait saisi la plume pour protester *au nom de la science.*

Nos adversaires — les journalistes surtout — ne brillent pas par la bonne foi.

L'un s'écrie : « Voilà bien du bruit pour quelques méchantes grenouilles! »

Cher confrère, je vous abandonne les grenouilles. A tort ou à raison, les animaux à sang froid ne m'inspirent qu'une pitié relative.

L'autre nous fait gravement observer que la vie d'un seul paysan sauvé du charbon contrepèse la torture de plusieurs milliers de poules et de lapins.

D'accord sur ce point.

Je pense, d'ailleurs, que les médecins qui savent les prix des halles ne s'amuseraient point à sacrifier sans utilité des animaux comestibles.

Mais il y a des devoirs imposés à la race humaine par l'idée innée du juste et de l'injuste, des devoirs imposés par la plus simple morale envers les races surbordonnées qui fournissent à l'homme des serviteurs, des amis, des auxiliaires de toute espèce.

La loi anglaise ne protège que les animaux vertébrés, et particulièrement le chien, le cheval et l'âne.

. . . .

Du petit au plus grand, c'est Pasteur qu'on met en avant, Pasteur est toujours Pasteur ; à ce point que, si l'ostracisme s'était perpétué dans nos mœurs, l'illustre savant risquerait de subir le même sort qu'Aristide.

Le raisonnement général est celui-ci : « Pitanchard, Boursoufflut et Lidiotin ont bien fait de déchiqueter des milliers de chiens sans aucun profit pour la science, *puisque* Pasteur a fait d'admirables découvertes. »

J'avoue que cette logique m'échappe. C'est précisément contre Lidiotin, Boursoufflut et Pitanchard que nous en avons, et non contre Pasteur.

M. Paul Bert a présenté les choses sous un jour nouveau. Ce ne sont pas les animaux qu'il faut plaindre, ce sont les opérateurs. Et Paul Bert pleure sur lui-même : « L'inerte cochon d'Inde et le lapin imbécile nous touchent peu. Vive le chat ou le rat, qui jouent des griffes et des dents ! (*Attention ! Paul Bert s'attendrit*) : Mais le pauvre chien, qui ne sait que plier les oreilles et regarder d'un œil anxieux ! Ah ! cela est dur et nous en avons gémi. »

J'avoue que la lecture de l'article inspiré du président de la Société de biologie m'a profondément troublé.

Ainsi, quand Paul Bert crucifie un chien, après qu'on lui a solidement attaché le museau, l'angoisse est du côté de Paul Bert. Quand le chien a l'épine dorsale mise à nu, c'est Paul Bert qui souffre, quand le malheureux animal a le ventre ouvert et les os broyés, c'est Paul Bert qui saigne !

La nuit qui a suivi la publication de cet article, j'ai eu un cauchemar affreux. Je voyais Paul Bert errant sans collier dans la rue ; on le conduisait à la fourrière où il restait vingt-quatre heures sans nourriture ; et, le lendemain, on le traînait au laboratoire où son propre préparateur, ne le reconnaissant pas, l'attachait, malgré ses supplications et ses cris, sur la table de vivisection !...

Je me suis réveillé au moment où l'illustre président aboyait de toutes ses forces pour tâcher de se faire reconnaître au son de la voix.

Un rédacteur du *Voltaire*, stimulé par les articles de l'éminent biologiste, a voulu nous écraser de son dédain — et n'y a que trop réussi :

« Quant aux antivivisectionnistes, s'écrie ce confrère redoutable, vienne le mois d'octobre, et vous les verrez vivisecter à pleines dents des huîtres *vivantes...* »

Il me tarde même d'y être. Mais quel rapport peut avoir la souffrance hypothétique d'un mollusque, animal à corps mou, sans squelette interne ou externe et sans membres articulés, supprimé par l'éclair d'un coup de couteau, et l'interminable torture d'un animal vertébré, doué des mêmes organes que l'homme ?

Si je voyais couler du sang de l'huître, si je l'en-

tendais gémir, je pourrais avoir un moment d'hésitation. Mais j'avoue que l'indifférence de l'huître en
matière de souffrance me laisse la conscience parfaitement en repos.

Un savant modeste, un charmant écrivain, M. de
Cherville, a traité la question de la vivisection avec sa
compétence habituelle et dans les justes limites qu'elle
comporte.

« Ce qui ne se supporte pas, dit-il, si l'habitude ou
quelque fanatisme scientifique...

(Hélas! c'est le plus souvent l'habitude.)

» ... n'a pas atrophié la nervosité, ce sont les convulsions, les cris d'angoisses de cette chair tiraillée;
ce qui ne se soutient pas, c'est le regard effaré par le
lequel la victime semble reprocher à ses bourreaux de
lui faire acheter la mort par de si effroyables souffrances...

» C'est cette vulgarisation de la torture, cette char-
cuterie en plein vent que la Ligue populaire se pro-
pose de combattre.

» Claude Bernard s'abstenait, autant que cela lui
était possible, de prendre ses sujets parmi les chiens,
parce que, en raison du développement cérébral de cet
animal, *la sensation de la douleur* est chez eux plus
intense.

» Il est donc infiniment probable que les véritables
héritiers de Claude Bernard ne verront aucun inconvénient à insensibiliser leurs patients toutes les fois
que la nature de leur expérience le leur permettra;
c'est là, à mon humble avis, avec le strict huis-clos

du laboratoire, tout ce qui raisonnablement peut leur être demandé. »

M. de Cherville termine par le récit d'une aventure qu'il attribue à un savant d'outre-Rhin, mais qui est, en réalité, l'histoire de Claude Bernard et de sa fille. Cette fille était l'unique enfant du grand physiologiste, qui l'adorait. Elle était arrivée jusqu'à l'âge de quatorze ans sans soupçonner le genre d'études auxquelles se livrait son père. La révélation fut foudroyante.

Je passe la parole à M. de Cherville :

« Un jour, l'enfant étant allée visiter une de ses petites amies, elle trouva celle-ci tout éplorée ; une levrette blanche qu'elle adorait était perdue, et, sa mère et son père étant absents, elle ne savait à quel saint se vouer pour retrouver la chienne. L'autre proposa à son amie d'aller à l'Université trouver le docteur pour lui exposer leur embarras ; elles s'y rendirent ; la fille du professeur s'étant nommée, un concierge imbécile les introduisit dans le laboratoire. Ce que virent les deux enfants les glaça d'épouvante : deux jeunes gens maintenaient sur une table de marbre un malheureux chien dans les flancs duquel le docteur, les mains sanglantes, promenait le scalpel ; l'animal avait cessé de se débattre et de gémir, il en était à ce souffle rauque qui est le prélude de l'agonie.

» Cependant, malgré son trouble, malgré le sang qui souillait la pauvre bête, l'amie avait reconnu la chienne qu'elles cherchaient ; étouffant d'émotion, elle murmura ce nom : « Léda ! » et s'enfuit en poussant

des cris déchirants. Au son de cette voix amie, la levrette était parvenue à échapper aux deux aides, qui
eux-mêmes relevaient la tête, elle tomba de la table,
essaya, sans y réussir, de se mettre sur ses pattes et
resta râlante sur les dalles. Quant à la fille du professeur, elle n'avait pas fait un mouvement, elle n'avait
pas prononcé une parole; plus pâle qu'un spectre,
chancelante, les yeux démesurément ouverts, elle regardait sans voir, elle agitait convulsivement ses lèvres sans articuler aucun son. Le docteur était tellement absorbé par ses observations qu'il n'avait rien
vu du début de cette scène; mais, aux cris de la petite amie, il avait aperçu sa fille, immobile, comme
pétrifiée par l'épouvante; il s'était élancé vers elle; il
arriva pour la recevoir évanouie entre ses bras. Le
lendemain, elle était en proie à une fièvre nerveuse
qui mit longtemps ses jours en danger. »

Et depuis cette sinistre et foudroyante révélation,
mademoiselle Bernard a voué sa vie aux animaux,
comme saint Vincent de Paul aux enfants trouvés.
Elle recueille tous les chiens errants qu'elle rencontre,
et n'ayant qu'une modique fortune, elle s'impose de
dures privations pour nourrir les pauvres vagabonds
qu'elle arrache aux opérateurs en souvenir de *Léda* !

C'est une expiation comme une autre. Honneur à
mademoiselle Bernard, honneur à toutes les femmes
qui se sont vouées au soulagement de tout ce qui
souffre, bêtes ou hommes ! La nature en faisant la
femme aimante et sensible, l'a créée pour le beau rôle
de consolatrice, et sa miséricorde toujours vive est un

besoin de son cœur. « J'ai mal à sa poitrine » disait madame de Sévigné en parlant d'une pauvre phtisique ; les femmes dignes de ce nom respecté, ont un peu du mal de tous ceux qui pâtissent et réclament protection, enfants, faibles de tous âges, animaux persécutés. Honneur aussi aux hommes compatissants qui ne se croient pas, parce qu'ils sont médecins et physiologistes comme le Docteur Hoggan, de l'Université de Londres, le droit de jouer auprès d'animaux inoffensifs le rôle hideux de bourreaux tourmenteurs. Voici en quels termes éloquemment indignés, cet honorable savant s'élève contre la hideuse vivisection telle qu'elle se pratique en France. Le docteur a vu ces abominations scientifiques et il les flétrit au nom même de la science, comme *inutiles*. Voici ce qu'il écrivait récemment au *Morning-Post*.

» Je me permettrai de raconter brièvement ce que ma propre expérience m'a fourni, expérience que je dois aux quelques mois passés dans le laboratoire d'un des plus grands physiologistes de notre époque.

» Dans ce laboratoire, on sacrifiait tous les jours de un à trois chiens, en outre d'un certain nombre de lapins et d'autres animaux ; après une campagne de quatre mois, mon opinion est qu'aucune des expériences faites sur ces malheureuses créatures n'était nécessaire, ni même utile à un point de vue quelconque. L'intérêt de l'humanité était absolument hors de question et aurait fait sourire si on l'avait invoqué ; le seul but poursuivi étant d'égaler ou de surpasser tel ou tel de nos contemporains dans les découvertes de la

science, et cela au prix de tortures épouvantables infligées froidement à de malheureux
animaux.

» J'ai souvent été témoin de choses
atroces, mais je crois n'avoir rien vu
d'aussi navrant que le spectacle des
chiens que l'on amenait de la cave
au laboratoire où les attendait la vivisection. Ces malheureux qui, en
tout autre cas, auraient témoigné
leur satisfaction de se retrouver au
grand jour, semblaient au con-

Fourbu, tanné vif, abruti par un travail excessif, des soins
insuffisants et des coups en abondance.

traire saisis d'horreur en flairant l'air de l'endroit,
devinant apparemment le sort qui les y attendait. Ils
tentaient bien quelques avances amicales vers cha-

cune des trois ou quatre personnes présentes, en faisant un appel muet mais éloquent à la compassion de leurs bourreaux ; mais les yeux, les oreilles et la queue parlaient en vain. — Saisis et jetés brutalement dans l'horrible gouttière qui sert à maintenir les animaux pendant l'expérience, un cri plaintif était leur seule protestation contre un pareil traitement, et ils continuaient à lécher la main qui les liait jusqu'à ce que le bâillon leur fût solidement fixé dans la bouche, et qu'il ne leur restât plus comme dernier moyen d'implorer la miséricorde que de remuer faiblement la queue.

» Souvent, tordus par la douleur d'une opération que l'on voulait recommencer, ils étaient instantanément calmés dès qu'on leur faisait quelques caresses. C'était le seul soulagement que je pouvais donner à ces pauvres martyrs, et je le leur donnais souvent ; c'était pour eux un gage de sympathie et la promesse de mettre fin à leurs tortures, que la mort seule, hélas ! pouvait terminer.

» Si la sensibilité de messieurs les physiologistes n'était pas si émoussée, ils ne pourraient se livrer longtemps à la pratique de la vivisection. Bien qu'ils se refusent absolument à en convenir, je dois dire qu'ils témoignent rarement de la pitié à leurs victimes, et qu'ils se montrent au contraire froidement et inutilement cruels. Que de fois ne les ai-je pas vus lorsqu'un animal, se tordant de douleur, dérangeait les tissus pendant une opération délicate, combien de fois ne les ai-je pas vus, dis-je, au lieu de chercher à le calmer par une caresse, le frapper durement en lui ordonnant de se ten'r tranquille.

» D'autres fois, il est vrai, si l'animal avait souffert de longues heures sans s'agiter et presque sans se plaindre, au lieu de laisser ce pauvre être mutilé se traîner jusqu'au lendemain, pour le faire servir à d'autres expériences, on le tuait immédiatement, ces messieurs trouvant qu'il s'était assez bien conduit pour mériter cette suprême pitié.

» J'ai souvent entendu dire au professeur, lorsqu'un côté de l'animal avait été tellement mutilé qu'il était difficile de trouver la partie que l'on cherchait à travers les tissus obscurcis par le sang coagulé :

» Pourquoi ne prenez-vous pas l'autre côté ? » ou « Prenez un autre chien ; à quoi bon faire des économies ? »

» Mais ce qu'il y a peut-être de plus révoltant dans les laboratoires, c'est l'habitude, qu'on y a de donner un animal sur lequel le professeur a terminé ses expériences, à l'un des aides pour qu'il s'y exerce à trouver les artères, les nerfs, etc., ou pour qu'il fasse sur ce pauvre être une de ces expériences, qu'en terme de laboratoire on appelle expériences fondamentales, et qui ne sont autre chose que la répétition des expériences les plus cruelles recommandées par les manuels de physiologie.

» En ce qui concerne l'usage des anesthésiques, il existe un procédé horrible dont le public ne se fait certainement pas une idée. Un animal est souvent réduit à l'immobilité absolue sous l'influence du curare qui a la propriété de paralyser les mouvements sans diminuer en rien la sensibilité, qui est au contraire poussée à l'extrême sous l'influence de ce poison. On maintient la vie de l'animal au moyen de la respiration artificielle jusqu'à ce que les effets du poison se soient dissipés. J'ai vu souvent opérer des animaux dans cet état devant un auditoire qui les croyait insensibles à la douleur parce qu'ils étaient incapables de la manifester, de sorte que pour épargner la sensibilité des spectateurs on infligeait à ces malheureux animaux une double torture pendant toute la durée de l'opération.

» D'après ce compte-rendu très abrégé d'une expérience de quatre mois, je n'ai pas besoin d'ajouter qu'ayant bu le calice jusqu'à la lie, je suis prêt à voir périr non seulement la science, mais avec elle le genre humain, plutôt que de recourir à de semblables moyens.

» Dr HOGGAN,
de l'Université de Londres. »

Passons au troisième genre de mort réservé aux chevaux, d'abord en France quelquefois (à cette heure, qui le croirait?) mais surtout en Espagne, c'est-à-dire par la corne des taureaux victimes eux-mêmes des toréadors, lesquels succombent parfois, à leur tour, victimes de leur cruelle et barbare industrie.

Ah! si le Créateur faisait un miracle en faveur des chevaux et qu'il accordât, ne fût-ce que pour un jour, ne fût-ce que pour une heure, la parole à l'un d'eux, oserions-nous affronter son regard, écouter ses plaintes et ses griefs? La position que l'homme fait au cheval paraît tellement monstrueuse à tous ceux qui se donnent la peine d'y penser, qu'un jésuite dont le nom m'échappe, a écrit un ouvrage pour établir que les chevaux ne sont que des hommes damnés, renvoyés momentanément sur la terre pour expier leurs péchés. D'où il résulterait que ce monde est une succursale de l'enfer et que les hommes, faits à l'image de Dieu, ne sont que des diables déguisés au service de Satan. Je m'en étais toujours douté.

Entre les jeux favoris de l'Espagne et les combats du cirque des Romains de la décadence, la différence n'existe que dans la nature des victimes; l'esprit est le même. N'oublions pas, d'ailleurs, que les Romains ne sacrifiaient au commencement que des animaux dans le cirque. Les hommes ne furent livrés aux bêtes que plus tard, en vertu de cet axiome : « L'appétit vient en mangeant... et le plaisir de tuer en tuant. »

Mais, si on ne livre plus à la voracité des bêtes féroces des hommes appartenant à toutes les races, pour juger de celles qui savent le mieux mourir, blancs, noirs, cuivrés, etc., en revanche, on se plaît à mettre en fureur un animal superbe et fort, afin de lui faire éventrer des animaux inoffensifs pour l'agrément d'une foule avide de carnage. Que sont autre chose que de sanguinaires saltimbanques, d'enragés bouchers que ces virtuoses de l'assassinat dont l'Espagne prononce le nom avec délice, Frascuelo, Angel Pastor, le Gordito, etc.?

En Espagne c'est l'alcade major qui préside ces scènes de mort aux applaudissements, non seulement des hommes du peuple, mais des caballeros les plus distingués et des sensibles madrilenas et Andalouses pour lesquelles, particulièrement, rien n'égale ce spectacle délicat et charmant. On les voit, ces Espagnoles gracieusement farouches, agiter leurs mouchoirs, mêler leurs douces voix aux voix grossières du bas peuple et lancer parfois, dans un mouvement d'enthousiasme, leurs mantilles et leurs écharpes dans l'arène pour honorer une grande *épée* ou un adroit *banderillero*.

Dans les seuls cirques de Madrid, environ deux cent cinquante taureaux sont mis à mort annuellement, qui tuent en moyenne deux mille chevaux. Le célèbre toréador Pedro Romero, mort en 1839, dans un âge avancé, se vantait d'avoir assassiné, après les avoir brûlés, lardés de flèches, après avoir coupé les jarrets à un certain nombre d'entre eux avec l'instrument appelé *demi-lune*, cinq mille cinq cents taureaux ayant éventré de quarante à quarante-cinq mille chevaux. C'est joli pour un seul homme et voilà certes une carrière bien remplie. Ce célèbre tueur a été, si je ne me trompe, tué à son tour. Ce dont je n'ai pas le courage de le plaindre.

Il est telle *corrida* où l'on a compté jusqu'à dix hommes morts. Aussi voit-on les toréadors réclamer, avant la course, la présence d'un prêtre muni des saintes huiles. Une chapelle est improvisée près du *toril*, ornée d'une image de saint, avec quatre cierges allumés. Le chapelain s'y installe en attendant qu'on vienne réclamer son office ; ce que ne manquent jamais de faire tous ces braves gens, lorsque la corne du taureau leur signe un passeport pour l'autre monde. À ce moment suprême, les toréadors jugent prudent de se réconcilier avec Dieu auquel ils ne pensent guère généralement tant qu'ils se portent bien. Comment ces hommes peuvent-ils allier à des pratiques religieuses, si tardives qu'elles soient, des actions aussi contraires à l'esprit de l'Évangile, tout de tendresse et d'amour !

Le pape Saint Pie V voulant mettre un terme à ces horreurs qui dégradaient l'Espagne et endurcissaient les cœurs (les auto-da-fé et les tortures de l'Inquisition n'ont que trop prouvé cet endurcissement avec la conduite farouche des Espagnols dans le Nouveau Monde), lança une bulle d'excommunication contre tous ceux qui, directement ou indirectement, prendraient part à ces jeux détestables. La très catholique Espagne se moqua de la bulle du Pape que l'Église devait plus tard canoniser, et n'en continua pas moins, en dépit de l'enfer dont elle était menacée, à se procurer son plaisir favori. Dans cette bulle remarquable et dont nous avons sous les yeux le texte *in extenso*, il est dit :
« Considérant que ces spectacles où des taureaux et des
» bêtes féroces sont excités, sont ennemis de la cha-
» rité chrétienne, et voulant abolir ces spectacles san-
» glants et honteux de démons plutôt que d'hommes,
» et pourvoir ainsi autant que nous le pouvons avec
» l'aide de Dieu au salut des âmes, nous défendons et

» interdisons par la présente constitution que nous
» déclarons valable à perpétuité sous peine d'excom-
» munication et d'anathème, *ipso facto*, à tous et à
» chacun des princes chrétiens quelle que soit leur di-
» gnité tant ecclésiastique que séculière, empereurs,
» rois ou autres, quelque nom qu'ils portent et à quel-
» que état ou république qu'ils appartiennent, de per-
» mettre dans leurs provinces, villes, terres, forteresses
» et toutes autres dépendances, des spectacles de ce
» genre, où il y aurait des combats de taureaux et au-
» tres bêtes féroces. Nous défendons aussi aux mili-
» taires et à toute autre personne de lutter, soit à pied
» soit à cheval, avec des taureaux et autres bêtes fé-
» roces dans lesdits spectacles. Que si quelqu'un d'en-
» tre eux venait à y perdre la vie, qu'il soit privé de la
» sépulture ecclésiastique. Nous défendons également
» sous peine d'excommunication aux clercs, tant régu-
» liers que séculiers qui jouissent des bénéfices ecclé-
» siastiques ou sont dans les ordres sacrés, d'assister
» auxdits spectacles, etc., etc. »

A cette bulle si catégorique, d'un caractère absolu,
vinrent se joindre de nombreuses lettres pastorales des
évêques dans tous les pays catholiques ; mais tout
cela n'empêcha pas une *corrida*. La vue du sang répandu et le spectacle de la douleur ont évidemment
tant de charmes pour l'homme ! Plus on défendait les
courses de taureaux, plus elles se répandaient. Si Paris n'a jamais été appelé au suprême bonheur de voir
éventrer des chevaux, torturer et tuer des taureaux et
quelquefois transpercer des hommes, certaines villes

du midi de la France sont plus favorisées sous ce rapport. Je lis le petit détail suivant dans un des bulletins de la Société protectrice des animaux :

« A Bayonne après une course de taureaux, des chevaux blessés à mort furent traînés la corde au col par des gamins et jetés vivants dans l'Adour. Les enfants à coups de pierre, les marins à coups de rames et de gaffes les éloignaient.

» Charmant en vérité ! Eh bien, je le déclare sincèrement, je ne connais pas un meilleur moyen de préparer les enfants à devenir des scélérats que de les employer à de semblable besogne. Mais que dis-je, des enfants qui se conduisent ainsi et les hommes dont ils imitent l'exemple, ne sont plus innocents. Bossuet l'a dit avec une profonde vérité d'observation : « la véritable marque du caractère de l'innocence est la douceur. »

En attendant qu'on fasse bonne justice partout de ces combats dangereux pour la morale publique et qui tombent directement sous le coup de la loi du 2 juillet 1850, certains journaux les vantent dans des termes qui font frémir par leur féroce naïveté. C'est avec stupéfaction que nous avons lu les lignes suivantes insérées dans la *Chalosse*, journal d'Aire :

« Les fêtes d'Aire, célébrées dimanche et lundi dernier, ont été *assez belles* malgré la pluie torrentielle » qui a complètement entravé la soirée de dimanche, » laquelle promettait d'être *délicieuse*. Les courses » ont été *des plus sanglantes*; tous les écarteurs *ont* » *été plus ou moins maltraités* par les taureaux qui

» étaient furieux. *Bon nombre* ont reçu des *contusions*
» *et des blessures qui ne sont pas sans gravité.* »

Ne trouvez-vous pas devant un semblable résultat,
que le rédacteur du *Chalosse* s'est montré froid en qua-
lifiant simplement ces fêtes d'assez belles? C'est *ado-
rables* qu'il eût fallu dire.

Mais Aire n'a pas le privilège dans notre beau pays
de France des courses de taureaux, *délicieuses* parce
qu'elles sont *sanglantes.* A Nîmes, un taureau a reçu
quatorze coups d'épée avant de tomber et il n'a été
achevé qu'après trois coups de poignard donnés par
un aide. A Saint-Sever, un jeune homme a eu le cœur
traversé par la corne d'un taureau. A Bayonne, des
faits semblables se sont reproduits plusieurs fois. Ar-
les compte aussi ses morts et ses blessés par les taureaux rendus fous de douleur et couverts de sang. Le
sang amène le sang.

La première fois que je visitai l'Espagne, me trouvant à Tolosa avec un ami curieux de tout voir et de
tout connaître, je fus entraîné par lui à assister à une
course de taureaux. Nous nous rendîmes, mon compagnon de voyage et moi, à la *Cara de la Villa* pour
prendre des billets d'*affectionnés,* c'est-à-dire des billets de première loge. Tout était retenu d'avance, il
n'y avait plus une seule place de disponible.

Mon ami crut que mon titre de journaliste français
était de nature à faire surmonter d'insurmontables
difficultés, et il n'eut pas tort. Une heure après, nous
recevions de l'alcade une invitation à assister aux courses dans sa loge particulière.

Les toréros, musique en tête, accompagnés des autorités de la ville et suivis d'une foule compacte et bruyante, se rendirent dans l'arène où devait se jouer la détestable tragédie.

Près du cirque, je vois une maison de sombre apparence. Toutes les fenêtres sont fermées, et sur un des balcons vides s'étend un long crêpe noir. Je m'informe, et l'on m'apprend que le propriétaire de cette maison en deuil est mort récemment. On le plaint d'être mort, non pas parce qu'il n'est plus en vie, mais parce qu'il ne verra pas les courses.

Dans cette province de Vascongades la course aux oies et à la clef, qui fait les délices des autres provinces basques, est dédaignée pour la course aux taureaux.

Nous pénétrons dans le cirque, et nous prenons place dans la loge de l'alcade, qui se montre d'une amabilité parfaite.

Le coup d'œil est original et vaut seul le voyage de Tolosa.

Le cirque renferme des milliers de spectateurs, y compris les curieux des pays environnants. C'est là surtout que j'ai pu observer cette race d'hommes et saisir quelques-unes de leurs coutumes les plus caractéristiques. Généralement grands, bien faits, et d'une souplesse de clowns, les basques espagnols, comme les basques français ont des traits d'une belle régularité, une physionomie intelligente et mobile. Leur costume est en velours ou en drap de couleur foncée. L'ancienne culotte collante est remplacée par un large pantalon. Pour coiffure, les hommes du peuple ont un foulard noué négligemment et leurs pieds sont chaussés d'alpagattes. Ils tiennent à la main la *maquita*, sorte de bâton plombé dont ils se servent dans la lutte, dédaignant le couteau-poignard, si fort en honneur dans certaines autres provinces de l'Espagne; ils le regardent comme l'arme des lâches et des traîtres. Mais avec la maquita ils brisent un crâne comme on casse une noisette. *Debruen anima!* Ame du diable! Méfiez-vous de ce juron dans la bouche du basque! Il précède le coup de bâton comme l'éclair précède la foudre.

Les femmes ont la taille svelte, des yeux noirs, longs, humides, doux à la fois et remplis de feu; une bouche vermeille, meublée de dents blanches, fines et rangées à souhait; des pieds à tenir dans la main, un nez délicatement modelé, un visage ovale, des cheveux noirs à reflets bleus, épais et longs; des cils touffus et voluptueux, des sourcils arqués d'après les règles du beau, et la peau transparente quoique d'un blanc mat. Telle est la population de Tolosa.

Avec les mantilles et les châles de soie, on voit quelques costumes particuliers aux provinces vascongades. Je remarque des cheveux tressés dont les femmes relèvent les nattes au côté de la ceinture.

Le premier taureau ne paraîtra que dans une demi-heure; il faut passer le temps le plus agréablement possible. A cet effet, quelques hommes montent sur des bancs et dansent sur place quelque *sorvico*, tandis que d'autres mangent des pommes et boivent dans la peau de bouc, ou *bota*, qui passe de main en main et de bouche en bouche. Des nourrices sont venues là avec leurs nourrissons. Les éventails s'agitent avec un bruissement d'ailes, et mille interpellations se croisent dans l'espace.

Quelle animation et avec quelle force le sang circule dans ces veines gonflées de chaleur et d'émotions anticipées! Enfin la musique se fait entendre et toute la bande des toreros, vêtue du clinquant traditionnel, apparaît devant la loge de l'alcade. Ils s'inclinent l'un après l'autre pour saluer, et le premier taureau est amené.

Ebloui par le grand jour, étonné des milliers de personnes qui l'entourent, fou de colère et de douleur, car, au moment où il sortait de son étroite prison pour entrer dans le cirque, un valet d'écurie lui a planté un dard dans la nuque, à un pouce de profondeur, il s'arrête un instant, l'œil injecté de sang, la bouche écumante, les naseaux fumants comme une locomotive.

Plein d'un courage qui n'a d'égal que sa force, l'animal se précipite tête baissée, avec une foudroyante rapidité, sur l'ennemi qui est à sa portée: c'est un *picador* à cheval. Le picador ainsi nommé parce qu'il est armé d'une pique, est si bien recouvert d'épaisses plaques de plomb qui le garantissent des pieds à la tête, qu'on peut le considérer comme invulnérable. Il n'en est pas de même du cheval, vieux, maigre et mourant de faim, qui doit être éventré à la satisfaction générale.

Comme le cheval fuirait à la vue du taureau, on lui bande un œil, et c'est du côté de l'œil bandé que le picador tourne sa monture pour faire face au taureau. Celui-ci, d'un effroyable coup de corne, soulève la bête avec l'homme, les balance un moment dans l'air, et les rejette avec violence contre la barrière du cirque. Les *chulos* ou toréadors à pied provoquent l'animal qui dégage ses cornes ensanglantées du poitrail ou des flancs du cheval, et court à d'autres exploits. Le picador, engagé sous le cheval, se dégage difficilement, vu la pesanteur de son costume de plomb, remonte sur la bête, lui enfonce ses éperons dans le corps, et s'avance une seconde fois à la rencontre du taureau. Si le cheval a été blessé au poitrail, on voit deux trous par où le sang s'échappe à flots. Si c'est au ventre qu'il a reçu le coup de corne, ses intestins passent par la plaie béante et traînent dans la poussière. Souvent les jambes de l'animal s'engagent dans ses boyaux et il trébuche. Le picador le relève en lui enfonçant comme deux poignards ses éperons dans le flanc. Si toute la masse intestinale a passé par le trou, un valet du cirque coupe d'un coup de rasoir ces boyaux gênants pour la marche de la bête, qui vidée, continue de trotter et subit de nouvelles tortures. Le cheval branle la tête; le seul œil qu'il ait à découvert apparaît vitreux, ses lèvres se relèvent contractées par la douleur et laissent voir ses dents. Il marche comme s'il était ivre, et les coups d'éperon que lui prodigue son cavalier ne suffisent bientôt plus pour ranimer le peu de force qui lui reste. Alors un toréador arrive, un bâton à la main, et frappe l'animal à coups redoublés. Vains efforts! brutalités perdues! Le cheval n'a pas fait un demi-tour de cirque qu'il tombe pour mourir dans des convulsions qui sont un des plaisirs de la fête.

Il y a encore des plaisirs plus raffinés en ce genre, mais nous les passons sous silence dans la crainte de blesser trop vivement la sensibilité de nos lecteurs.

« Qu'avez-vous? me dit l'alcade; vous pâlissez. »

Les chevaux victimes des taureaux.

— En effet, lui dis-je, je me sens mal au cœur.

On m'aida à faire quelques pas hors de la loge, et je pris un cordial qui ranima mes sens. Je ne pouvais contempler de sang-froid l'abominable spectacle d'une pareille course. L'exercice du picador, dans lequel l'homme ne court pour ainsi dire aucun danger, et

dans lequel le cheval ne peut en aucune façon se défendre contre le taureau, n'a d'autre but que de donner en pâture à la férocité humaine le spectacle de la
douleur! Cela est si vrai que, lorsque le cheval survit
trop longtemps à ses blessures, le public, supposant
avec raison que les souffrances de l'animal ne sont
plus aussi vives, demande un autre cheval, un cheval
dont les douleurs soient fraîches.

Jean-Jacques Rousseau a dit que l'homme est naturellement bon, et il est d'autres philosophes qui as-
surent qu'il est fait à l'image de Dieu. Charmant!
charmant!

Après cette scène d'abattoir par des bouchers en délire, la course continua par les exercices connus des
banderilleros et du matador. Les exercices des banderilleros seraient gracieux si on ne savait que chaque dard s'enfonce d'un pouce et demi dans le cou du
taureau. Ces dards sont enjolivés de beaucoup de ma-
nières, et la religion n'y reste pas toujours étrangère
dans la catholique Espagne.

Un jour que le spectacle était une œuvre pie, raconte un historien, les flèches portaient plusieurs petites boîtes en carton qui contenaient des pigeons et
s'ouvraient quand la pointe avait piqué le taureau.
Cette intention, pleine de candeur, obtint beaucoup de
succès.

Quand le taureau a tué quatre ou cinq chevaux,
qu'il a le cou hérissé de ces dards qui lui causent une
vive douleur, et qu'il la manifeste par des mugisse-
ments, il est tué à son tour, et ce moment est le plus

solennel de la course : il y va de la vie d'un homme.

L'espada s'avance, l'épée à la main, et demande la permission de tuer le taureau. La permission accordée, l'espade reste seul devant l'animal, dont les forces sont amoindries par les chevaux qu'il a soulevés et éventrés, et par les coups de pique et les banderilles qui l'ont blessé. Le taureau voit l'homme qui d'une main tient l'épée et de l'autre un morceau d'étoffe rouge, et, après un moment d'hésitation, il fond sur lui avec fureur. Si la bête arrive la tête baissée, et que le matador soit adroit, il lui enfonce l'épée au milieu des épaules, et elle tombe morte sur le coup. Mais le plus souvent il arrive que l'épée entre à moitié dans le corps du taureau sans qu'il cesse de courir et de lutter.

A mesure que le taureau fait un mouvement, l'épée dont le pommeau est très lourd, pénètre un peu plus profondément, et finit quelquefois par disparaitre jusqu'à la garde, sans que l'animal soit arrêté par cette épouvantable blessure. Alors on recommence la plaisanterie avec une autre épée.

Dans la course à laquelle j'assistais à Tolosa, un homme eut la cuisse traversée d'un coup de corne, et un des matadors fut enlevé par le taureau, qui le secoua violemment. Il ne fut pas tué, par miracle, et voulut, malgré les sages avertissements de l'alcade continuer son rôle. De nouveau il attendit le taureau qu'il tua aux applaudissements des hommes et des femmes, charmés de ce spectacle plus que dégoûtant.

Arrivons au quatrième et dernier genre de mort réservé par la civilisation moderne et les progrès de l'industrie au plus utile, au plus beau, au plus doux, au plus courageux aussi et au plus noble des animaux domestiques — du mot latin *domus* qui signifie tout à la fois la famille et son habitation. Cœurs sensibles, il faut s'instruire des choses pour encourager les bonnes et combattre les mauvaises.

Nous sommes dans les landes de la Gascogne, cet océan desséché, qui n'est plus la mer et qui n'est pas encore la terre. Des pins d'un vert sinistre, tous plus ou moins blessés par la main du résinier, décorent seuls ce sombre paysage. La mort plane sur cette longue plaine infertile, dont les pins, d'où coule la résine, semblent pleurer les malheurs. Nul bruit ne vient interrompre le silence éternel de ce sépulcre à ciel ouvert. Le voyageur, sous l'impression pénible que fait naître l'aspect de ces lieux abandonnés, presse le pas alourdi par la nature du terrain, et aspire à l'hospitalité que lui offrira quelqu'une des rares cabanes occupées par les paysans landais.

Tout à coup apparaît à l'horizon, comme des ombres fantastiques, un troupeau d'animaux étranges, indéfinissables.

Les ombres semblent avancer vers le voyageur qui ralentit le pas. Plus l'apparition se développe au regard étonné, plus les animaux qui composent ce fantastique troupeau prennent des allures et une forme bizarres. Mais sont-ce réellement des animaux, ou des ombres véritables produites par quelque phénomène d'optique ? Machinalement le voyageur s'arrête pour mieux contempler le phénomène et éclaircir ses doutes. Surprise et effroi! Ce sont bien des ombres, mais des ombres, produites par elles-mêmes, et agissant en vertu d'une force indépendante. Les contes d'Hoffmann se réalisent, les enchanteurs du moyen-âge, ont reparu, les sorciers n'ont rien dit qui ne fût vrai. Des chevaux, morts depuis longtemps, à moitié rongés par les oiseaux de proie, s'avancent en trébuchant comme s'ils étaient ivres, animés par la puissance et le caprice d'une volonté surnaturelle et diabolique. Un homme, haut comme le géant Ferragus, les conduit un bâton à la main. Je le voudrais jouant d'un violon dont la table d'harmonie serait une omoplate de cheval, la danse macabre de Saint-Saëns qui sent le charnier. De temps à autre, l'homme plie son corps sur ses longues jambes pour frapper quelqu'un de ces chevaux fantastiques. Le bâton rebondit sur les os grimaçants des squelettes avec un bruit sinistre et sourd.

Cet homme est-il Satan en personne, ou faut-il le considérer comme un de ces géants qui, longtemps, peuplèrent la Scandinavie ? Non, Satan n'a plus de haras depuis qu'il n'enfourche plus de chevaux aériens pour les conduire aux réunions du sabbat, et nous savons aujourd'hui que les géants de la Scandinavie n'ont existé que dans l'imagination malade des anciens historiens.

Cet homme est simplement un Landais monté sur des échasses, suivant la mode du pays.

Les animaux qu'il conduit appartiennent encore à la terre des vivants ; les plaies dont leur corps est couvert n'ont pas été faites par le bec de l'oiseau de proie, mais par le long usage du fouet et par les harnais agissant sur une peau qui ne recouvre plus que des os.

Ils vivent, et l'on s'étonne que la vie, dans ses lois mystérieuses, persiste à animer ces ruines d'animaux dégradés par l'âge et toutes les souffrances. Si leur peau était moins épaisse, on pourrait, dans leur corps, voir clairement les rouages de la mécanique animale fonctionner avec l'admirable précision de toute machine vivante.

D'où viennent ces cadavres animés et où vont-ils ? S'il se trouvait des historiens pour écrire leur biographie, vous verriez que plus d'un quand il était jeune et dans toute sa vigueur a fait la gloire de son maître, soit sur les champs de course, soit dans les chasses à courre, soit sur les champs de bataille, où le cheval conduit les vainqueurs au triomphe et protège la fuite des vaincus. Puis sont venues les années, et avec elles la désaffection des maîtres ingrats. Aux brillants services rendus ont succédé les durs et humbles travaux. La bête, comme nous l'avons dit plus haut, a connu les horreurs de la faim, et sa sentence de mort a été enfin prononcée. Un peu de paille avidement dévorée lui a rendu la force nécessaire pour marcher à l'équarrisseur. Celui-ci, industriel par nature, a calculé le prix du cuir en mauvais état de l'animal, et il trouve un plus sûr bénéfice à vendre le cheval vivant à un engraisseur de sangsues. En conséquence, l'animal est mis de côté avec d'autres chevaux désignés pour le même service.

Puis un beau jour la troupe est expédiée, comme des barils de sang qui se portent eux-mêmes, pour les marais à sangsues, assez nombreux dans cette partie de la France.

Les nouveaux propriétaires de ces misérables bêtes trouveront moyen de bénéficier sur leurs derniers souffles de vie, en vidant méthodiquement leurs veines appauvries, en pressurant leurs artères à demi desséchées comme on pressure un citron déjà mis au rebut. La souffrance est horrible, l'agonie lente et monstrueuse. Qu'importe ! le commerce est lucratif. La belle industrie ! et que les engraisseurs de sangsues doivent être fiers de l'argent qu'ils gagnent à ce métier !

Avançons dans cette usine de la douleur et révélons toute l'atrocité de ce commerce abominable. Le crime est public, le châtiment doit l'être aussi. Le châtiment, c'est la divulgation.

Le cheval usé, presque expirant, doit fournir trois repas aux annélides. Pour le premier repas, le cheval entre dans le marais jusqu'à la moitié du ventre. Les sangsues affamées se jettent sur leur proie, et des milliers d'aiguillons font trembler l'animal, qu'épuise bientôt la perte de son sang. Lorsqu'il est prêt à s'évanouir, on le retire du marais, à coups de bâton, bien entendu, et on tâche de réparer ses forces et de lui renouveler le sang pour le second repas. Il mange à discrétion, ce qui depuis longtemps ne lui était pas arrivé. Au bout de quelques jours de ce régime réconfortant, les petites plaies sans nombre se sont entièrement cicatrisées, et il est jugé propre à une seconde résucée.

Cette fois, il entre dans le marais jusqu'à la naissance de l'échine. Les annélides, toujours affamés, plantent leurs lances dans les endroits de l'animal qui n'ont pas encore été mordus, car les sangsues ne piquent jamais à la même place et s'en donnent à cœur joie jusqu'à ce que le cheval, ayant trahi des signes de défaillance, on songe à le retirer du marais. Comme la première fois, des coups de bâton administrés avec entrain réveillent le peu de forces qui lui restent, et l'animal, sur le point de succomber, redresse machinalement la tête, s'agite et gagne la terre. Que de ressources dans les muscles de ces bêtes!

Copieusement nourri, mis au vert, soigné presque avec tendresse, le malheureux cheval fait de nouveau sang qui sera le dernier versé, car, hélas! tout s'épuise ici-bas, jusqu'au sang des chevaux.

Pour le troisième repas, l'animal entre tout entier dans le marais, cette fois, n'ayant hors de l'eau que la tête pour respirer. Il faut bien qu'il respire, puisque les sangsues ne boivent que du sang vivant! Enfin, après la plus épouvantable agonie le cheval exhale le dernier souffle avec la perte de sa dernière goutte de sang! Son cadavre effrayant ne sera pas même enfoui. Ce n'est pas la peine, n'ayant plus que les os, la corruption de la chair n'est pas à craindre. On en rencontre fréquemment de ces cadavres aux abords des

marais, couverts de mouches, déchiquetés par les corbeaux.

On dit que les engraisseurs de sangsues font tous de
bonnes affaires, et que beaucoup se sont promptement
enrichis. Si Vespasien a fait preuve d'intelligence,
lorsque présentant à Titus une pièce d'argent, produit d'un impôt nouveau sur certaines matières, il lui
dit : « Flaire, mon fils, sent-elle mauvais ? » il n'en
est pas moins vrai, fort heureusement pour le triomphe
de la morale, que l'argent est plus ou moins honorable-
blement acquis. Celui que, dans un but de lucre ef-
fréné, gagnent les engraisseurs de sangsues dont nous
parlons, non seulement est de l'argent mal acquis
d'après nos lois, mais de plus, il est acquis d'une façon qui soulève l'indignation de tous les cœurs honnêtes. Ajoutons qu'au point de vue de l'hygiène
publique, ce moyen est coupable au premier chef. En
effet, il a été constaté que le plus grand nombre des
sangsues venimeuses qui ont occasionné la mort des
malades dont elles étaient appelées à adoucir les souffrances, s'étaient nourries du sang, si souvent impur,
des chevaux destinés à les engraisser. A défaut d'autre motif, l'intérêt des malades, compromis par l'industrie de ces éleveurs, devrait suffire à éveiller la
sollicitude de l'autorité.

Puisque les chevaux sont tous condamnés à mort
pour prix des laborieux services qu'ils ont rendus jusqu'au jour où leurs muscles, comme de vieilles cordes, sont usés d'avoir constamment tiré ou porté quelque chose, ce qu'on pourrait souhaiter de mieux dans

l'intérêt de cette espèce vouée au travail forcé et à la douleur perpétuelle, c'est que l'hippophagie se développant chez nous, ils deviennent des animaux de boucherie comme le bœuf. Les voulant manger dans de bonnes conditions de saveur d'hygiène, on les tuerait plus tôt, alors qu'ils seraient encore bien en chair et on leur épargnerait ainsi les infernales tortures auxquelles on les soumet actuellement jusqu'à l'épuisement complet de leurs forces. Qui sait même si les destinant à figurer sur nos tables, après avoir brillé sur nos champs de courses, au bois et aux Champs-Élysées fringants et bien attelés, on ne les enverrait pas s'engraisser en pleine liberté dans quelque riche pâturage avant de les livrer au boucher? Ce serait le seul temps de bonheur qu'ils auraient passé sur la terre et il faudrait le leur souhaiter par sentiment de justice, par pitié, dans leur intérêt et dans le nôtre.

En effet, la population chevaline compte en France plus de trois millions de têtes, qui se renouvellent à peu près par quinzième. Cela donne donc un chiffre de deux cent mille chevaux hors de service chaque année, par conséquent conduits à l'équarrisseur pour y être abattus. Supposons que sur ce nombre, dit une brochure publiée sous le patronage de la Société protectrice des animaux, cinquante mille soient reconnus impropres à servir de nourriture aux hommes ; ce serait toujours cent cinquante mille chevaux mangeables, sans compter les ânes et les mulets dont la chair est fort agréable au goût — nous l'avons vu pendant le siège de Paris — et très nutritive aussi. On peut estimer à sept ou huit cent mille les mulets et les ânes dont les corps usés jusqu'aux nerfs par un travail excessif et les mauvais traitements vont alimenter les voiries au lieu de garnir nos boucheries et de nous alimenter. Un cheval abattu donne une moyenne de deux cents kilogrammes de viande. Calculez et vous trouverez un total approximatif de trente à trente-cinq millions de kilogrammes de viande, moins délicate, il est vrai, que la viande de bœuf ou de vache, mais tout aussi saine et peut-être plus substa ntielle. N'est-il pas absurde, disait le savant Isidore Geoffroy Saint-Hilaire, de perdre chaque mois, par toute la France, des millions de kilogrammes de bonne viande, quand par toute la France aussi, il y a des millions d'hommes qui manquent de viande. Parbleu oui, c'est absurde ; aussi cela a-t-il de grandes chances de se maintenir ainsi longtemps encore.

M. de Quatrefages, membre de l'Institut, constate que l'origine de la prévention qui existe encore contre la viande de cheval, est due aux vieilles guerres du paganisme et du christianisme. Le sacrifice du cheval, dit l'érudit professeur au muséum d'histoire naturelle, jouait un rôle dans les rites religieux des peuples venus d'Asie ; manger de la viande de cheval, c'était faire acte d'idolâtrie. Aussi voit-on dans un de leurs retours aux croyances de leurs ancêtres, les Saxons, le même jour et par les mêmes motifs, massacrer les prêtres et manger du cheval. Les papes du huitième siècle trouvèrent politique de défendre l'usage de cette viande, la déclarant *immonde et exécrable, immundum enim est atque execrabile.* Il est vrai que malgré tout le mépris exprimé contre la viande de cheval, cette viande est justement estimée pour la consommation dans divers états de l'Europe et qu'on en fait un commerce important dans une grande partie de l'Amérique, séchée et salée, notamment au Brésil. À Vienne, à Berlin, à Altona, à Hambourg, en Danemark et en Belgique, la viande de cheval n'est trouvée ni immonde ni exécrable, et jamais on ne s'est aperçu qu'elle fût plus malsaine que la viande de bœuf ou de mouton. Au reste, depuis le siège où Paris s'est vu forcé de dévorer tous ses chevaux, et après les chevaux les chats, les chiens et les rats, on s'est habitué à la viande de cheval, et les boucheries hippiques deviennent de plus en plus nombreuses. Espérons que tout préjugé à l'égard de la viande de cheval disparaîtra un jour et qu'on pourra lire sur l'enseigne d'un restaurant rival du *Bœuf à la mode,* ces mots remplis d'une appétissante promesse : *Au cheval à la mode.*

Après ces lignes, j'ai autant besoin que vous, lecteurs, de reposer mon esprit sur un tableau riant. Sans sortir du cadre que je me suis tracé, je vais, si vous le permettez, vous raconter l'histoire d'un cheval heureux. Le sujet est neuf et l'histoire touchante. Du reste, ce cheval, je l'ai connu, c'était un ami, et je ne vous dirai sur lui que l'exacte vérité.

Le cheval du maëstro Carafa

Le cheval du *maestro* Carafa, l'auteur si justement renommé de *Masaniello*, du *Valet de chambre*, du *Solitaire* et de tant d'autres remarquables partitions qu'on entend trop peu depuis quelque temps, est parmi ses semblables un être privilégié. Après une carrière longue et bien remplie au service de son illustre maître, il ne sera ni assommé par l'équarisseur, ni disséqué vivant, ni éventré par un taureau, ni mangé vif par des sangsues. Il mourra de sa belle mort, entouré des soins qu'on doit à un vieil et honnête serviteur tel que lui. M. Carafa ne veut être l'assassin de personne, pas même de l'animal dont il a usé la vie à son profit. C'est, comme vous le voyez, un bien grand original que ce musicien.

D'autres chevaux ont été plus honorés et ont vécu plus somptueusement que celui qui nous occupe ; mais se sont-ils trouvés plus heureux ? On n'a pas oublié Bucéphale, le cheval d'Alexandre ; celui de César, qui ne fut jamais monté que par lui, avec lequel il fit la conquête des Gaules, et sur lequel il franchit le Rubicon en prononçant le fameux *Alea jacta est* ; celui de Caligula, pour lequel la folie de son maître fit construire une écurie de marbre, et qu'il voulut élever à la dignité de consul ; ce qui fit dire à un grand écrivain du siècle passé :

> Si dans Rome avilie un empereur brutal
> Des faisceaux d'un consul honora son cheval,
> Il fut cent fois moins fou que ceux dont l'imprudence
> En d'indignes mortels a mis sa confiance.

Tous ces chevaux, véritables grands seigneurs à quatre pattes, ont eu de nombreux serviteurs, une cour de flatteurs, comme tous les puissants de la terre, et se sont nourris d'ambroisie et de résine d'Apamène avec les cavales de Caracalla, d'Adrien et de Néron. Le cheval du maestro Carafa vit plus modestement, et peut-être ne s'en portera-t-il que mieux pendant les dernières années qui lui restent à vivre. Il habite dans une petite écurie de la maison portant le numéro 9 de la rue de Bruxelles, et il n'a qu'un palefrenier pour veiller sur sa personne.

L'écurie n'est pas très spacieuse, mais elle est suffisamment aérée et bien abritée. D'ailleurs *Bibi*, c'est le nom du vétéran, a été élevé dans les goûts simples que partage son maître, et il se trouve ainsi parfaitement heureux. C'est là qu'il attend philosophiquement l'heure fatale où la Parque ayant tranché le fil de ses jours, il tombera regrettant ceux qui l'aiment, mais résigné, les quatre fers en l'air.

Espérons que ce moment n'est pas proche, et que le pensionnaire de l'artiste jouira longtemps encore, dans cette nouvelle Sainte-Périne, de la douce exis-

tence qui lui a été faite par un homme dont le cœur
est plus plein que la bourse.

Les Invalides du cheval de M. Carafa coûtent au
compositeur deux mille cinq cents francs par an; un
peu plus que ne lui rapportent ses fonctions de membre de l'Institut. C'est M. Carafa qui touche les jetons
de présence à la docte assemblée, et c'est Bibi qui
les mange. Le maestro trouve cela tout simple. Tous
les jours, régulièrement, dans l'après-midi, l'homme
va faire une visite au cheval. Celui-ci attend son maître avec l'impatience et l'inquiétude d'un cœur de
bête, c'est-à-dire d'un excellent cœur. Dix fois en un
quart d'heure il passe sa tête par-dessus la balustrade
de son écurie et regarde du côté de la rue. C'est en
vain qu'on essayerait de le distraire de sa pensée fixe;
les mots les plus flatteurs des locataires de la maison,
qui ne passent jamais devant l'écurie du rentier sans
le complimenter ; les offres les plus séduisantes des
cuisinières, qui lui réservent les débris de la table de
leurs maîtres, rien n'y fait ; Bibi est un chien pour
l'attachement. Que M. Carafa entre : avant qu'il
puisse le voir, il a deviné ses pas, entendu le bruit
de la canne sur laquelle l'artiste appuie de glorieux
mais cuisants rhumatismes, récoltés sur les champs
de bataille quand il était officier de cavalerie, qu'il
composait en amateur et faisait le coup de sabre en
artiste.

Dès que le cheval aperçoit son bienfaiteur, il hen-
nit fièrement et mordille la barrière qui le tient ren-
fermé dans ses appartements.

La barrière est abaissée, et les deux amis de se faire mille manifestations affectueuses, de se dire une foule de choses les plus aimables du monde.

Ne riez pas, le palefrenier de Bibi, l'estimable François, assure que le compositeur de musique et son ancien serviteur à quatre pattes ont ensemble de longues et très intéressantes conversations.

— S'il n'en était pas ainsi, me dit un jour très sérieusement François, croyez-vous donc qu'un homme du talent et de l'esprit de M. Carafa resterait des heures entières avec son cheval ! Ils se comprennent, et même...

— Et même?

— Et même, s'il faut ne vous rien cacher, je les ai entendus parler.

— En vérité?

— C'est comme j'ai l'honneur de vous le dire. Sans être indiscret de ma nature, par hasard, j'ai saisi toute une conversation entre ces deux messieurs... je veux dire entre M. Carafa et Bibi, et j'ai encore présent à la mémoire tout ce qu'ils se sont dit.

— Vous seriez bien aimable, cher monsieur François, de me rapporter cet entretien, qui pique vivement ma curiosité.

— Monsieur, ce serait avec infiniment de plaisir, mais je suis au service de M. Carafa, et je croirais manquer à mes devoirs les plus sacrés, si j'allais révéler les secrets de famille de mon très honoré maître... Si seulement vous connaissiez M. Carafa, peut-être alors...

— Non seulement je le connais, mais j'ai eu, il y a déjà quelques paires d'années, — le temps passe si vite! — l'honneur de recevoir de lui, au Conservatoire, dans sa classe de haute composition, de précieuses leçons dont j'ai eu le tort de ne pas suffisamment profiter. Jamais M. Carafa, par un excès de modestie rare chez les artistes en général, ne nous citait en exemple sa musique, et toujours il nous parlait des partitions de Rossini; ce qui faisait dire à tous ses élèves qu'en cela il n'avait qu'un tort.

— Celui de ne pas se citer lui-même?

— Précisément.

— Dans ce cas, monsieur, et vu vos excellents rapports avec M. Carafa, tous mes scrupules disparaissent et je n'hésiste plus à vous dire ce que j'ai entendu.

Et François, ayant remis en place la brosse et l'étrille dont il venait de se servir pour embellir le long poil de Bibi, prit la parole en ces termes :

— C'était dans les premiers temps où le cheval, trahi par ses forces, ou, pour parler plus exactement, par ses pieds de devant, car le train de derrière est excellent, fut contraint de ne plus sortir de l'écurie. Avant cette époque, nous faisions ensemble d'agréables promenades pour notre santé à tous les deux, et il arrivait qu'on le laissait se promener dans la cour, guettant les morceaux de carottes et les croûtes de pain que lui jetaient des fenêtres de leur cuisine les cuisinières, toujours prévenantes pour Bibi. Sa grande douceur excluait toute idée de danger pour personne. Au reste, il n'abusait pas de cette liberté, et ne fai-

sait de temps en temps le tour de la cour que pour se
dégourdir les jambes. On a beau être vieux, quand
on a du sang, cela se fait sentir quelquefois. Bref, M.
Carafa sortait de chez M. Rossini, — M. Carafa sort
t oujours de chez M. Rossini, à moins qu'il n'y rentre, —
lorsque, s'étant présenté dans l'écurie après l'heure
accoutumée de ses visites, il dit à Bibi : — Ce n'est
pas ma faute, mon ami ; c'est celle de Rossini, qui s'a-
m use à écrire en amateur, depuis le matin jusqu'au
soir, sans aucune rature et tout en causant avec ses
in times, des chefs-d'œuvre dont le monde s'émerveil-
lera un jour. Il m'a fait lire ses derniers manuscrits
et je ne pouvais m'arracher à la contemplation de ces
divines inspirations... Mais je n'ai pas besoin de te
faire l'éloge de Rossini ; ce n'est pas la première fois
que je t'en parle, et tu l'admires autant que moi. Quelle
musique, mon ami ! surtout quand on la compare aux
élucubrations épileptiques que chantent d'une façon
plus épileptique encore des chanteurs Armstrong de
trois cents kilogrammes en fer forgé et qui éclateront
tous, c'est certain. Tu es resté classique, toi, et tu ne
connais ni ces compositeurs, ni ces chanteurs, ce dont
je te félicite de tout mon cœur. Mais laissons de côté cette
artillerie prétendue harmonieuse et parlons de notre
santé, ce qui est beaucoup plus intéressant. Tes pieds
de devant, comment sont-ils ? Toujours de travers ?
Enfin l'estomac est bon chez toi, et c'est l'important,
puisque rien ne t'oblige à quitter la chambre. Quant à
moi, ce sont les pieds de derrière qui laissent un peu à
désirer. Les omnibus, heureusement ne sont pas faits

pour les caniches, et pour mes trente centimes je me
fais des pieds de rechange. On m'a parlé d'un procédé
nouveau de massage au moyen duquel on obtenait de
promptes guérisons. Je n'y crois qu'à demi ; à ton âge
et aussi un peu au mien, le massage et toute la phar-
macie perdent leurs droits... Ah ! nous ne sommes plus
ce que nous étions il y a seulement une quinzaine
d'années ! Tu te montrais alors dans toute la vigueur
de la jeunesse, fier, agile, musculeux, hardi jusqu'à
l'impétuosité, piaffant en cadence sur le sol entre un
léger nuage de poussière. Quand nous allions, l'un
portant l'autre, faire aux Champs-Elysées notre promenade quotidienne, que de gens, en nous voyant,
disaient : — Ils sont bien ! C'est que, pourquoi le tai-
rai-je ? si tu savais me porter avec grâce, je ne te
montais point mal. Mon état de compositeur ne m'avait
pas, Dieu merci, fait oublier mon métier d'officier de
cavalerie. Plus tard, la selle te fatigua et il y avait
des jours où elle m'incommodait moi-même. Sans
nous rien dire nous nous comprîmes, et j'achetai une
américaine. La selle est plus noble que le timon, sans
doute, mais quand on prend de l'âge, on aime avant
tout ses aises et on se moque du qu'en dira-t-on. Le
fait est que, pour toi comme pour moi, l'américaine
était préférable sous tous les rapports. Tu eus encore
de beaux moments sous le harnais. Je me souviens
d'avoir un jour entendu le dialogue suivant entre un
couple d'élégants assis dans une calèche qui frôlait
notre américaine :

— Il me semble l'avoir vu quelque part, dit l'élégante à voix basse en reposant son regard sur le mien.

— C'est Carafa, répondit l'élégant en se penchant vers l'élégante.

— Carafa?... reprit celle-ci ; est-ce qu'il n'est pas arrivé premier à Chantilly, il y a trois ans?

— Je ne crois pas qu'il ait jamais couru.

— Qu'a-t-il donc fait?

— Il a fait *Masaniello* et soixante-dix autres opéras.

L'élégante se mit à rire aux éclats ; elle m'avait regardé, mais elle parlait de mon cheval. Toi seul, mon brave Bibi, avais eu l'honneur d'attirer son attention. Je ne suis pas d'un naturel jaloux, et pourtant je ne pus maîtriser un mouvement de dépit. Mais tu ne m'en veux pas de cela, n'est-ce pas, mon vieux camarade?

Ici, me dit François, le cheval de M. Carafa prononça quelques mots, mais d'une voix sourde qui ne me permit pas d'en saisir le sens. Son maître fut plus heureux, car il ajouta :

— J'en étais sûr... Plus tard, continua-t-il en caressant le col de l'animal, comme pour le remercier de ses bonnes paroles, il fallut diminuer le nombre de nos promenades. Tu te fatiguas sous le harnais comme tu t'étais fatigué sous la selle, et je te l'avoue, à cette heure, ce fut pour moi une grande privation que de ne plus aller régulièrement prendre l'air au bois de Boulogne, comme j'en avais l'habitude depuis si longtemps. Quelques personnes me donnèrent le conseil

de te vendre et d'acheter un autre cheval. Comme si
on vendait ses amis ! Ah ! je l'avoue, si j'en avais eu
les moyens, j'aurais fait l'acquisition d'un autre cheval; mais te vendre pour te livrer sûrement dans des
mains sans pitié, jamais... Ne me remercie pas, ajouta
l'illustre compositeur, j'aurais souffert autant que toi
de te savoir malheureux. Je me consolai de mes rares
promenades au bois de Boulogne en allant plus souvent chez Rossini. Enfin tes pieds de devant s'étant
affaiblis encore, nous fîmes notre dernière visite au
bois le jour même où tu entrais dans ta trente-deuxième
année et où moi j'atteignais... Mais il est inutile que
je te dise mon âge. Si depuis je t'ai fait quelques in-
fidélités avec les chevaux et les voitures d'anciens
et opulents amis, je ne t'en ai pas moins conservé mon
cœur intact. Ces amis généreux et d'une haute naissance voulaient te donner l'hospitalité dans leurs écu-
ries; j'ai refusé pour toi, car je sais que les plus splen-
dides festins chez les autres ne valent pas un modeste
repas chez soi.

— Merci, fit le cheval, merci !

— Comment ! dis-je, vous avez entendu le cheval de
M. Carafa dire merci ?

— Aussi distinctement que si vous le disiez vous-
même. Je ne suis pas craintif, mais j'eus peur. Il me
revint que certains peuples d'Orient croient à la métempsychose, et je me demandai si ce cheval n'avait
pas été homme autrefois. Ma tête s'échauffa et, pour
me rassurer, je me mis à siffler un air de *Masaniello*.

Ma présence ayant été découverte, ajouta François,

elle mit un terme à cet entretien. M. Carafa prit congé de Bibi, et moi, m'adressant au cheval, je lui dis, sans trop savoir ce que je faisais :

— Monsieur désire-t-il quelque chose ?

Bibi, malgré son âge avancé et ses douleurs rhumatismales, a l'œil vif et porte la tête haute. Il rue de temps à autre, mais sans malice, par coquetterie et pour faire voir qu'il est encore fringant. M. Carafa espère qu'il vivra plusieurs années encore, et des mesures hygiéniques sont rigoureusement observées à son égard. La pauvre bête étant forcée de *garder la chambre,* comme dit le célèbre compositeur, il lui faut une nourriture variée et pas trop échauffante.

À la moindre indisposition de Bibi, le vétérinaire accourt ; M. Carafa ne regarde pas à payer quelques visites de médecin de plus.

— Un malheur est si vite arrivé ! disait-il dernièrement à François.

Quelle est votre conclusion ? me demandera-t-on peut-être. Faut-il donner à tous les chevaux la généreuse pension alimentaire que M. Carafa accorde à son ancien serviteur ? Non, je ne demande pas cela pour tous les chevaux, ne voulant pas l'impossible. Ce que je demande, c'est qu'on les traite plus humainement et... qu'on les mange en France comme on les mange en Allemagne, en Suède et ailleurs, afin qu'on les tue de bonne heure et qu'on leur épargne ainsi le martyre d'une horrible vieillesse. Suis-je donc bien exigeant pour eux ?

III

LE SINGE

Mon ami Zamor

Zamor échappé aux expériences électriques du jeune curieux qui voulait faire de la physiologie et ne faisait à son insu que de la barbarie (depuis son esprit s'est assis, il a travaillé les sciences mathématiques et physiques et on lui doit même de belles découvertes) Zamor, dis-je, était devenu mon ami. Quel homme valut mieux — j'allais dire autant — que ce petit singe par la sensibilité, l'affection et la reconnaissance? Que de fois, en l'embrassant, lui ai-je dit : « Mon pauvre Zamor, tu es bien le meilleur des hommes. » Il acceptait le compliment avec la modestie et la simplicité d'une belle âme, en me faisant une grimace sympathique qui valait un discours.

Le grand Linné ne séparait pas génériquement l'homme des singes anthropoïdes : orang, chimpanzé, gibbon, (le plus homme de tous), le gorille lui était inconnu. Il réunissait toutes ces espèces dans un même groupe sous la dénomination commune de *Homo*.

Toutefois il faisait de l'homme proprement dit une espèce qu'il appelait *Homo sapiens*, c'est-à-dire homme sage ou homme pensant. Si j'avais eu occasion de voir M. Arthur Mangin avant la publication de son livre l'*Homme et la Bête*, je n'eusse pas manqué de lui conter ce trait touchant de mon petit *Homo*. Je suppose qu'il eût trouvé ce trait digne d'être mentionné à côté de tant de jolies anecdotes qui enrichissent son livre. Voici le fait.

Quand éclatèrent les événements de la Commune, il me fallut quitter Paris, partir pour Versailles. Je plaçai mon singe en pension chez mon oiselier. Après lui avoir serré la main (je parle de Zamor) et offert une brioche, je lui dis au revoir. A peine étais-je rentré chez moi, me disposant à prendre un des derniers trains de Versailles (on sait que la Commune les a supprimés) que la femme de l'oiselier m'apparut tout effarée.

— Monsieur, monsieur..

— Qu'y a-t-il donc ?

— Venez vite, je vous prie, monsieur, Zamor n'a pu vaincre son émotion en vous voyant le quitter et il s'est évanoui. Ses jours sont en danger.

— Pauvre garçon, dis-je, je ne l'abandonnerai pas dans cet état. Je cours l'embrasser.

Dès qu'il eut entendu ma voix il ouvrit les yeux et me regarda d'un œil humain où se lisaient de doux reproches et une joie tempérée par la mélancolie. Je lui offris une grappe de raisin qu'il prit pour ne pas me refuser et je me mis à le raisonner.

— Tu sais bien, lui dis-je, qu'un journaliste tel que moi ne fait pas toujours ce qu'il veut et que ce n'est pas pour mon plaisir que je te laisse à Paris, seul chez des étrangers. Tu devrais le comprendre. Allons, sois raisonnable et ne tombe pas dans ces excès de sensibilité qui sont tout au plus tolérables chez les petites maitresses. Tu es un homme, que diable ! Linné l'a dit : *Homo* ! Notre séparation ne sera pas éternelle, nous nous reverrons, et bientôt, je l'espère.

Il sourit à ces paroles, et ce sourire éminemment sympathique, était tendre et résigné.

Zamor m'avait compris et je partis tranquille.

Près de trois mois s'écoulèrent avant que je ne pusse rentrer à Paris, par conséquent avant que je ne pusse revoir Zamor. J'avais eu de ses nouvelles plusieurs fois par des personnes arrivant de Paris, et un jour je reçus de l'oiselier où mon ami était en pension le petit billet suivant :

« Monsieur, Zamor est en bonne santé quoiqu'il ait eu terriblement peur à la prise de la barricade élevée à quinze pas de notre maison. »

En effet, je suis forcé d'en convenir, Zamor n'avait pas l'humeur guerrière. D'ailleurs il ne s'était jamais occupé de politique. Mais s'il était poltron, cela ne l'empêchait pas, au contraire, de prendre des airs menaçants vis-à-vis des gens qui avaient peur de lui.

— Je l'ai dit, c'était un homme.

Notre première entrevue, après une si longue absence, devait être solennelle et singulièrement émotionnante.

Le docteur Bérigny de Versailles et M. Le Verrier, directeur de l'observatoire que je voyais journellement pendant l'occupation de Paris par les hommes de la Commune, me dirent :

— Vous allez revoir Zamor, faites une expérience.

— Laquelle ?

— Montrez-vous à lui, mais sans parler d'abord. Il serait curieux de savoir s'il vous reconnaîtra rien qu'en vous voyant.

— Vous serez satisfaits, dis-je à ces deux savants, j'en ferai l'expérience.

Ce n'est pas sans une certaine émotion, je l'avoue, que je vis la boutique de l'oiselier où mon pauvre ami avait passé seul entouré d'oiseaux auxquels il prenait peu d'intérêt, les jours tourmentés de la Commune.

Et puis, dois-je l'avouer, j'avais peur de n'être pas reconnu par Zamor sans le secours de la parole. Quelle humiliation pour lui et pour moi si l'épreuve avait été négative !

M. Albert Joly, le jeune et éloquent avocat du barreau de Versailles, si tôt enlevé à l'admiration de ses amis, et qui, lui aussi était un savant naturaliste, m'accompagnait dans cette visite, curieux qu'il était d'assister à cette expérience physiologique.

Nous entrâmes tous les deux ensemble chez l'oiselier.

La cage où respirait Zamor était par terre au milieu de la boutique. A peine étais-je entré chez cet hôtelier des bêtes, qu'un long cri perçant, un cri parti du cœur le plus sensible et le plus ému qui ait jamais battu dans le corps d'un être, sortit de la cage de mon singe.

Zamor m'avait reconnu du premier regard et il s'agitait en criant, cherchant à se précipiter dans mes bras.

Je lui parlai alors, j'ouvris sa cage et le pris sur moi.

Ce cher enfant, comme il était ému, bon Dieu !

Je l'étais presque autant que lui.

Albert Joly restait muet dans sa contemplation.

Zamor criait sans cesse et ce cri, qui perçait les oreilles comme un trait venant du cœur, touchait tous les cœurs. Son petit visage contracté par la joie avait soudainement pâli. Il me parlait, me regardait dans les yeux, faisait mille grimaces touchantes et me serrait le col à m'étrangler dans ses bras convulsionnés.

La foule attirée à la porte de la boutique par le cri continu et toujours aussi intense du pauvre petit être inondé de bonheur, devint si compacte que la rue en fut comme barrée. Comme tout ce monde cherchait à savoir la cause de la vive émotion de Zamor, il me fallut dire à tous ces curieux que j'avais retrouvé un ami, après quatre-vingts longs jours d'absence.

— J'espère, me dit un homme en blouse, que vous n'allez plus le quitter?

— Dès ce soir, répondis-je, il rentrera dans sa famille pour n'en plus sortir.

— A la bonne heure, dirent plusieurs voix. Il mourrait de chagrin.

Le Singe Zamor.

La vive émotion et les démonstrations de Zamor ne durèrent pas moins d'un quart d'heure. Albert Joly était attendu.

— Quel cœur ! me dit-il, et quelle éloquence dans ces jeux de physionomie. J'ai cru parfois l'entendre parler.

Zamor ne m'a plus quitté depuis ce jour-là. Il avait traversé avec moi et les miens les terribles jours du siège de Paris, partageant avec nous l'horrible pain noir et imperméable fait de toutes choses excepté de farine, et pendant ce rude hiver où le bois de chauffage était plus rare encore que le pain, mon pauvre ami né sous le ciel ardent de l'Afrique avait pris des rhumatismes. Il devint rachitique et phtisique malgré tous les soins qui lui furent donnés et mourut au milieu des siens, dans ma famille, sur mes bras, au n° 64 de la rue Neuve des Petits-Champs, dans l'appartement que Berryer avait occupé quarante-quatre ans et que je pris quelques années après sa mort. Zamor repose dans le terrain qui fut le jardin de l'illustre avocat et où maintenant s'élève la façade d'une des belles maisons de l'avenue de l'Opéra. Pauvre Zamor, nous nous aimions bien !...

IV

L'ANE & LE MULET

Après le cheval, l'âne et le mulet sont certainement les plus utiles auxiliaires de l'homme en Europe pour l'accomplissement des travaux qui exigent l'emploi de la force.

Il était bien naturel dès lors qu'ils partageassent avec le cheval les mauvais traitements que le roi de la création n'a jamais refusés à ses humbles et dociles sujets pour prix de sa reconnaissance.

Si l'âne et le mulet ne sont que rarement disséqués vivants, ou mangés vivants par les sangsues de la Gironde, et s'ils ne sont jamais ou presque jamais exposés dans les cirques à mourir par la corne du taureau, en revanche, l'âne est insulté, méprisé et taxé d'*ignorant*.

Il n'y a pas à raisonner sur certaines plaisanteries qui se perpétuent d'autant plus qu'elles sont plus ridicules et plus fausses.

Tout le monde sait que l'âne n'est pas plus ignorant que le bœuf, le cheval, le porc, la chèvre : ce qui n'empêche pas qu'on a dit, qu'on dit et qu'on dira, *bête comme un âne, ignorant comme un âne.*

Le plus calomnié de tous les animaux.

Les bons mots sur l'ignorance de l'âne rempliraient dix in-folio. D'où il semblerait résulter que les autres bêtes sont plus que l'âne versées dans l'étude des sciences, de la littérature et des beaux-arts.

Par quelle suite d'injustices, après avoir fait de l'âne le type de la bêtise et de l'ignorance en a-t'on fait aussi celui de la paresse? L'âne, serviteur docile, bon, vigoureux, sobre et toujours disposé au travail, lui, paresseux! Quelle injustice et que cette injustice devient ridicule quand on affuble les fainéants des écoles de ce qu'on appelle le *bonnet d'âne!* On rit du bonnet d'âne; je rirais bien plus si je voyais garnir la tête des bons écoliers du *bonnet d'homme* comme symbole de toutes les vertus.

A proprement parler, les hommes seuls commettent ce qu'on appelle des *âneries*, les ânes ne s'en rendent jamais coupables. Mais les ânes ont de tout temps été responsables de la bêtise des hommes et de leur folie.

Un jour Louis XI, qui croyait aux sorciers et à toutes les erreurs des époques d'ignorance et de superstition, fut tellement vexé de voir que ses astrologues lui avaient fait de fausses prédictions, qu'il nomma un âne son *astrologue ordinaire.* Le pauvre grison n'avait pourtant jamais eu la prétention de lire dans les étoiles.

Mais on croit se montrer plaisant quand on constate l'ignorance de l'âne.

Témoin la fable du roi Midas, orné d'oreilles d'âne pour n'avoir pas compris la supériorité de la musique d'Apollon sur celle de Pan.

Témoin aussi les sarcasmes du bon La Fontaine, notamment dans la fable du *Charlatan.* La Fontaine aurait-il donc voulu que les ânes fissent leurs *humanités?* Eh! eh! on y a déjà pensé. Ecoutez plutôt l'historiette suivante.

La scène se passe avant la loi qui a rendu l'instruction obligatoire pour tous les Français. Nous sommes rue de Grenelle-Saint-Germain, à la porte du ministère de l'instruction publique. Deux ânesses entrent précipitamment dans la cour du ministère, suivies de leur ânier. Elles vont sans doute rafraîchir de leur lait la poitrine affaiblie de quelque employé supérieur victime de son dévouement à la science. Le factionnaire n'a pas prévu le cas où deux ânes pourraient avoir affaire au ministère de l'instruction publique et il interroge du regard le maître de ces animaux.

— Ne craignez rien, fit l'ânier; nos ânes savent ce qu'ils font.

— Ce n'est pas difficile à deviner, dit un passant; ils vont réclamer l'instruction gratuite et obligatoire.

Pauvre âne, il est plaisanté et avili partout et jusque dans la Bible ! Vous savez que les Juifs attendent toujours le Messie qui doit être non point un Dieu, mais un grand roi plus grand que le roi Salomon. Le Messie qui ne voyage pas comme tout le monde, arrivera sur les nuages du ciel si les fils d'Israël sont vertueux, ou sur un âne, s'ils sont méchants.

Cependant l'âne a des états de service qui commandent le respect et l'annoblissent. Celui qui fut plus grand que le roi Salomon et que tous les rois de ce monde, Jésus-Christ, avait-il d'autre monture qu'un âne ?

Du reste, les personnages de condition chez l'ancien peuple d'Israel ne montaient point à cheval, ils montaient à âne. « On reconnaît l'homme à son âne, » dit un proverbe oriental. Jaïr de Galaad avait trente fils qui montaient autant d'ânes et commandaient dans trente villes. Abdon, juge d'Israël, avait quarante fils et trente petits-fils qui montaient soixante-dix ânes. En Grèce, Socrate voyageait à califourchon sur un âne, Diodore de Sicile, Cornélius Népos et Thucydide ne voulurent jamais d'autre coursier qu'un âne. On estimait si grandement ces animaux dans l'ancienne Rome que le sénateur Arius Varron en aurait payé un quatre cent mille sesterces, ce qui équivaut environ, à quatre-vingt-dix mille francs de notre monnaie.

L'âne est avec le mulet l'animal qui sait d'un pied sûr passer par les chemins les plus étroits et les plus difficiles. Il n'est pas sujet au vertige comme les hommes et traverserait les chutes du Niagara sur une passerelle d'un pied de large. Eh bien! un pont est-il facile à passer, on l'appelle *le pont aux ânes*. Quelquefois les plaisanteries sur l'âne sont amusantes, étant donné cet animal comme type de l'ignorance et de la bêtise.

Deux collégiens en vacances rencontrent le long de la route une bonne vieille qui chassait devant elle des ânes.

— Bonjour, la mère aux ânes!

— Bonjour, mes enfants!

Ce qui rend les railleries à l'égard de l'âne d'autant plus injustes, c'est qu'il joint à un fonds d'excellentes qualités une bonne dose d'intelligence relative, avec des instincts qui ne le trompent jamais. Il est têtu, dit-on : à la bonne heure ; mais on n'est pas têtu sans volonté, et la volonté est la marque de la réflexion, partant de l'intelligence. Dans tous les cas ce senti-

ment, on ne saurait le contester, est le fait d'un esprit
indépendant et d'un cœur courageux. Si étonnant que
cela puisse paraître, on a vu des ânes (des chiens
aussi) se donner volontairement la mort pour se soustraire à une vie trop malheureuse, à une douleur morale trop vive. J'ai lu à ce sujet les lignes suivantes :

« Plus de dix personnes ont assisté au suicide d'un
âne, suicide parfaitement raisonné, voulu, prémédité.
Qu'on nie donc encore après cela l'intelligence des
animaux, puisqu'ils ont celle de mourir quand la vie
leur paraît trop dure !

» L'âne en question était un petit bourricot râpé,
pelé, mélancolique, qui traînait toute la journée des
voitures de matériaux. Il appartenait à un entrepre-
neur.

» Etait-ce parce qu'il recevait trop de coups ? Etait-
ce parce qu'il n'avait pas le goût des démolitions?...
Toujours est-il que notre âne, ayant réussi à s'échapper de son écurie, fit un temps de galop jusqu'à la
pente qui conduit au bord de la Seine, en contre-bas
du pont d'Austerlitz. Et là, en présence d'une dizaine
de personnes, il entra délibérément dans l'eau. En
voyant qu'il perdait pied et qu'il ne nageait pas, un
homme qui était en train de laver un terre-neuve
lança l'animal à son secours.

» Le chien saisit l'âne par une oreille et le ramena
sur le bord. L'âne regarda un instant tout le monde de
son grand œil triste, puis reprit la direction de l'eau.
Le chien l'ayant saisi de nouveau, il lui détacha une
ruade qui débouta l'animal de ses idées de sauvetage,

et, de nouveau, entra dans la Seine. Le courant l'emporta immédiatement, et, comme il ne faisait aucun mouvement pour se soutenir, il s'enfonça tout de suite. Des mariniers le rattrapèrent, mais complètement noyé, de l'autre côté du port.

» Sur l'avis de tous les spectateurs de cette scène, dont on fit un rapport à un gardien de la paix, il n'y a aucun doute possible sur l'intention bien arrêtée de la pauvre bête d'en finir avec la vie. »

L'âne est un des rares animaux de la création, avec l'homme — quelquefois, — qui ont le courage de leur opinion.

Changez les rôles, mettez l'homme à la place de l'âne et vous aurez dans le bipède un héros et dans le quadrupède un sauvage tyran. Tant il est vrai que l'homme a toujours parlé de lui-même avec une complaisance dont plus d'une bête aurait le droit de sourire. Ah ! si l'âne avait une trompe comme l'éléphant, des griffes comme le tigre et le lion, des dents comme le loup, ou seulement un jet de venin comme la vipère, vous verriez l'homme railler beaucoup moins cet animal et tenir respectueusement compte de ses accès d'entêtement.

L'âne, bien que faisant preuve parfois d'une volonté énergique, est naturellement doux, patient, humble et tranquille. En outre, il est d'une extrême sobriété, et la nature l'a doué de forces musculaires hors ligne pour sa taille. Il est incontestable que cet animal, dont les formes surtout sont l'objet du mépris général (comme si la majorité des hommes étaient beaux !), serait moins laid, plus docile aussi et plus intelligent si on prenait soin de lui, et qu'on le traitât comme il mériterait de l'être. M. de Buffon l'a dit avec un grand sens, il est le jouet, le plastron des rustres qui le conduisent le bâton à la main, qui le frappent, le surchargent, l'excèdent sans précaution, sans ménagement. On ne fait pas attention, ajoute le grand naturaliste, que l'âne serait par lui-même et pour nous le premier, le plus beau, le mieux fait, le plus distingué des animaux, si dans le monde il n'y avait pas le cheval; il est le second au lieu d'être le premier, et par cela seul, il semble n'être plus rien; c'est la comparaison qui le dégrade : on le regarde, on le juge, non pas en lui-même, mais relativement au cheval; on oublie qu'il est âne, qu'il a toutes les qualités de sa nature, tous les dons attachés à son espèce, et on ne pense qu'à la figure et aux qualités du cheval qui lui manquent et qu'il ne doit pas avoir. D'ailleurs est-ce sa faute si l'âne ressemble au cheval sans avoir de ce dernier toute l'harmonie des formes et la grande agilité? On l'a considéré comme une caricature et toute caricature prête à rire. Le satirique allemand Lichtenberg dit quelque part qu'un âne fait sur lui l'effet d'un cheval traduit en hollandais.

Mais l'âne n'est-il pas le cheval du paysan toujours prêt au travail, en tout temps et en toutes saisons, portant le grain au moulin, les échalas dans les vignes, l'engrais de l'étable sur le champ du modeste laboureur : j'en ai vu attelés à la charrue quand les terres sont légères. C'est lui qui porte au marché les légumes, sans préjudice de la paysanne qui le conduit, assise sur lui entre deux grands paniers remplis à l'aller, vides au retour à la ferme.

Il sert de Bucéphale à la beauté peureuse. Le plus souvent à la beauté paresseuse, puisque beauté il y a.

Et la beauté peureuse ou paresseuse est rarement une beauté aimable et douce pour la pauvre bête qui, comme l'a dit le père Vanière, prête incessamment son dos et ses flancs endurcis par les coups à toutes sortes d'usages.

Pour être témoin de la stupide brutalité de l'homme envers un serviteur aussi utile que l'âne, il suffit d'aller, dans la belle saison, se promener un dimanche à Montmorency. La mode, qui se mêle de tout, a depuis longtemps fait un devoir aux Parisiens d'une certaine classe de la société, commis et filles de boutique, d'aller dans les environs de l'ancienne retraite du philosophe de Genève manger des cerises et monter à âne. On voit ces messieurs, par bandes plus ou moins nombreuses, à califourchon sur les baudets, se démenant comme des possédés, et frappant, pour rire, leurs montures à coups de bâton. Si le bâton vient à se rompre sur l'échine de l'animal, les joyeux amis de la grande gaieté lui prodiguent des coups de poing sur la tête et des coups de talon de bottes sur le ventre. Souvent c'est une ânesse pleine que montent et que traitent de la sorte les calicots et les calicottes en belle humeur, qu'importe! Avant tout il faut s'amuser, et rien n'est plus amusant que de battre les ânes et de les harceler.

Si l'animal, ahuri, abruti, ne sachant plus ce qu'on exige de lui, s'arrête court, on le tire par la queue, on lui enfonce des épingles dans la chair. Sous l'empire de la douleur, la pauvre bête prend quelquefois le galop, qui n'est point dans ses allures. Alors la bande rit aux larmes, criant hourra! Ne trouvez-vous pas, en effet, que cela soit bien spirituel et bien divertissant? La gaieté devient indicible si un grand gaillard monte sur un petit âne, de manière que ses pieds touchent le sol, et que l'animal plie sous le faix. Ce farceur se met à la tête de la cavalcade, agite ses bras en l'air, commande la manœuvre comme ferait un officier de cavalerie, et crible la pauvre bête de mille coups. En rentrant de ces promenades burlesques, les ânes sont étourdis de douleur, exténués de fatigue. Vont-ils prendre quelque repos? Non, d'autres farceurs les montent aussitôt et recommencent les mêmes espiègleries.

Et pourtant les ânes sont loin d'être aussi à plaindre en France qu'en Algérie. Telle est l'apathie des Orientaux, qu'ils laissent souvent pendant plusieurs jours le harnais sur le dos de la bête. Il en résulte pour l'animal une gêne voisine de la souffrance, qu'avec un peu de soin on pourrait lui éviter. Mais les Arabes, qui, dit-on, soignent bien leurs chevaux, n'ont de pitié ni pour les ânes ni pour les mulets. « J'ai vu, dit M. Decroix, sur des ânes et sur des mulets, des surfaces de chair de la largeur des deux mains tomber en gangrène et laisser à nu trois ou quatre côtes. »

L'aspect repoussant des plaies n'affecte point désa-

gréablement le regard des Bédouins, qui en créent
eux-mêmes de petites sur les animaux pour s'épargner la peine de les frapper à coups de bâton. La
plaie est faite à portée de leur main, de manière que
sans se déranger, sans effort, ils puissent l'irriter
avec un aiguillon, et stimuler ainsi la marche de la
bête.

Qu'en pensez-vous? Est-on plus ami de ses aises?
Qu'on vienne dire après cela que les Orientaux ne
comprennent pas les douceurs du confortable!

« En général, dit encore M. Decroix, l'Arabe charge
trop en avant; cela est bien lorsqu'il faut gravir une
montagne; mais en plaine et surtout à la descente,
la traction et le frottement de la croupière et de la
fessière déterminent sur presque toutes les bêtes de
somme des excoriations très douloureuses. Quelquefois
aussi la corde qui fait l'office de croupière finit par
couper la peau et s'enfoncer dans les chairs. Au lieu
d'être libre, le garrot est très souvent comprimé et
même grièvement blessé. Un fardeau pesant n'empêche pas toujours le muletier de monter en sur-
charge dans les endroits difficiles comme au passage des rivières; au lieu de se placer sur la croupe
où il n'augmenterait pas les chances de blessure, il
se place sur le devant de la charge pour avoir la fa-
cilité de laisser pendre ses jambes de chaque côté du
garrot qu'il écrase. »

Toujours l'amour du confortable! Ajoutons, d'après
le témoignage de madame Amable Tastu, qu'on a, dans
certaines parties de l'Orient, la spirituelle habitude de

fendre les naseaux des ânes pour les faire, dit-on, respirer plus librement.

J'ai cité M. Decroix et madame Tastu ; je veux ajouter à ces autorités une autorité plus grande encore, en transcrivant les lignes suivantes, extraites d'un rapport présenté à la Société zoologique d'acclimatation par le docteur Richard (du Cantal). Pauvres roussins d'Arcadie, entendra-t-on un jour la voix de vos avocats ! je le crois, car le cœur des hommes s'épure, la charité s'étend et la justice se vulgarise... peu à peu.

Écoutons M. Richard (du Cantal) :

« L'espèce asine de l'Algérie offre deux types bien distincts : l'un, le plus nombreux, le plus répandu partout, est petit, chétif, rabougri ; son pelage est gris-souris ou noir mal teint ; on le trouve dans toute la colonie, notamment dans les villes, où il est employé aux transports de toute nature.

» L'autre type est plus fort, plus développé que le premier : il se rapproche, par sa taille, de notre âne de Gascogne. Son pelage est aussi gris ou noir ; on en voit cependant quelques rares sujets café au lait clair, presque blancs. C'est surtout dans la province de Constantine que j'ai observé ce type.

» Je viens de dire que le premier des deux types d'ânes que j'ai observés en Afrique est le plus petit, le plus nombreux et le plus répandu. On conçoit difficilement comment ces petits animaux peuvent résister aux travaux qu'on exige d'eux. Les Arabes les conduisent par bandes. On les voit toujours la charge sur le dos : leur corps amaigri manque rarement de porter les traces du traitement que leur font subir leurs conducteurs, et la loi *Grammont* aurait bien de la peine à les en préserver. Chaque ânier chasse devant lui trois ou quatre ânes chargés. Les blessés, les boiteux sont obligés de marcher comme les autres. A ceux qui ralentissent leur allure, par suite de souffrance ou de toute autre cause, on donne quelques coups de bâton de plus pour les obliger à regagner les distances : voilà tout le remède à leur mal.

» On peut dire enfin qu'il n'est pas, en Afrique, d'animal qui travaille plus et soit moins bien traité que les petits ânes qu'on y observe. »

Si nous passons de l'Afrique en Espagne, nous verrons les braves Castillans traiter les mulets avec la cruauté de gens qui n'ont pas même la conscience de leurs actes de méchanceté. Ils semblent avec Descartes ne voir dans cet animal que « une machine qui, ayant été faite des mains de Dieu, est incomparablement mieux ordonnée et a en soi des mouvements plus admirables qu'aucune de celles qui peuvent être inventées par les hommes ; machine capable, il est vrai, d'éprouver des impressions, mais incapable de les percevoir. » Pardonnons cette grande erreur à Descartes, qui a proclamé et mis en lumière tant de vérités, mais convenons que c'est une erreur et soyons pitoyables envers les animaux que nous avons faits nos humbles et si utiles serviteurs.

Quoi qu'il en soit, veuillez, pour quelques instants,

me suivre dans les chemins tortueux des montagnes à la suite de ces longs attelages de dix à seize mulets marchant deux à deux et qu'on voit, dans le beau pays des Espagnes, avancer et se tordre comme des serpents en fuite.

Pour conduire un aussi grand nombre de bêtes, un seul conducteur ne suffit pas : il en faut trois.

Le premier conducteur, qui prend le nom prétentieux de *majoral*, est assis sur le devant du véhicule. Sa besogne consiste à diriger les mulets attelés au timon de la voiture.

Le second conducteur, appelé *delantero*, est à califourchon sur une des bêtes qui forment le front de l'attelage.

Le troisième conducteur, nommé *zagal*, marche à pied, et c'est à lui qu'incombe le soin de diriger tous les mulets intermédiaires, compris entre les deux couples extrêmes d'animaux.

Le zagal semble plutôt un diable conduisant un troupeau maudit, qu'un homme jouissant de son bon sens. Depuis le départ jusqu'à l'arrivée, il ne cesse, courant d'une mule à l'autre, de les insulter, de les frapper et de les apostropher de la façon la plus grotesque et la plus furieuse.

Il va sans dire que le zagal n'est pas le seul à battre les mules, et que de leur côté le *majoral* et le *delantero* distribuent leurs faveurs bâtonnantes avec libéralité.

Quelques conducteurs espagnols, des poètes peutêtre, qui ne veulent pas être distraits dans leur rêverie, ou des paresseux raffinés, ont recours au moyen suivant, adopté par un certain nombre de nos cochers de remise parisiens, pour octroyer aux bêtes de somme des douleurs sans fatigue pour eux. A l'aide d'une pâte caustique et même de mouches cantharides, ils font sur l'épaule des pauvres quadrupèdes un large cautère et choisissent cette place pour les frapper de leur fouet.

Une chose va vous étonner, c'est que la nécessité ne fait pas toujours le zagal. On voit des gens qui, entraînés par l'amour de l'art se font zagals amateurs, et bâtonnent les mulets pour le seul plaisir de les bâtonner. Cette curiosité monstrueuse est signalée dans une lettre intéressante de M. Blatin Mazelchier. « En Espagne, dit-il, le premier piéton venu de la grande route, le berger qui garde ses moutons, le cultivateur qui travaille son champ, s'il aperçoit une diligence, se donne le plaisir de la faire rouler plus vite : armé de pierres ou d'un bâton, il se met à rouer de coups l'attelage, en le suivant à la course aussi loin que ses poumons le permettent. Personne n'y trouve à redire : tout au contraire, les remercîments, au besoin les encouragements, pleuvent sur ce conducteur suppléant, et c'est le zagal en titre qui, se plaçant au-dessus d'une basse jalousie, se montre la bouche la plus remplie de *gracias*. »

J'ai dit plus haut que les mulets tombaient quelquefois sur la route, en Espagne, d'épuisement et de coups. Dans ce cas, on a vu des muletiers abandonner dans des bourbiers des animaux vieux et usés sans se donner la peine de les achever : ils y mouraient de faim au bout de quelques jours,

L'Espagne et une grande partie de l'Amérique reçoivent de cet animal des services que lui seul peut rendre. Sur les montagnes, son grand instinct et son jarret délicat et puissant lui permettent de passer avec son cavalier dans des endroits inaccessibles, ou tout au moins très dangereux pour un cheval. Quelque étroit que soit le sentier par où passe le mulet, et quelle que soit la profondeur des précipices qui l'entourent, ce fidèle et sûr quadrupède conserve toujours sa force et ses esprits. Un faux pas, et homme et bête rouleraient brisés dans des profondeurs que nul œil humain ne sonda jamais. Heureusement le mulet n'est point accessible à ce mal étrange qu'on appelle le *mal des montagnes*.

J'ai voyagé sur les grandes hauteurs, et j'ai pu, par moi-même, étudier ce mal étrange qui atteint l'homme et un certain nombre d'animaux.

En effet, le docteur Foissac rapporte dans son *Traité de météorologie* le fait suivant :

« Un chien que l'un des guides de M. Alkings avait amené avec lui au mont Blanc, s'arrêtait souvent, comme affaissé, tombait de côté et s'endormait aussitôt. On le réveillait. Il regardait constamment autour de lui avec une inquiétude très marquée. »

Il faut ajouter à ce fait que les chats — les chats eux-mêmes, habitués à vivre sur les toits, — quand ils sont transportés sur de grandes altitudes, éprouvent pour la plupart les douloureux effets du mal des montagnes. D'abord, on les voit en proie à des mouvements convulsifs, puis ils font des sauts prodigieux et cherchent à grimper sur les roches. Enfin, peu à peu, ils tombent épuisés de fatigue et meurent dans un accès de convulsions.

Dans un voyage que je fis à dos de mulet dans l'intérieur du Brésil, je lâchai les brides et fermai les yeux en me couchant sur le col de l'animal, que je tins embrassé pour me dérober à l'action du mal des montagnes. La sensation du malaise qui m'envahit presque subitement est encore assez vive en moi, après plus de vingt-cinq ans, pour que je puisse en faire une peinture exacte : gêne de la respiration, accélération du pouls, palpitations et angoisses au cœur, douleurs plus ou moins vives dans les membres inférieurs, particulièrement dans les genoux, épuisement des forces, éblouissement et vertiges, envies de vomir très pénibles, envie de dormir impérieuse, prostration et découragement, irritation. Voilà ce que j'éprouvai, et tel est le mal des montagnes, qui, quelquefois, est poussé jusqu'au délire. J'ai lu que sur cinq Anglais parvenus au sommet du mont Blanc, trois y ont été pris d'un véritable accès de folie dont deux sont morts.

Le mulet échappe aux effets de ce mal étrange, dont les principales causes sont : 1° la suractivité du système musculaire; 2° la raréfaction de l'air atmosphérique, qui ne fournit plus assez à l'hématose, c'est-à-dire à la transformation, dans nos poumons, du sang noir en sang rouge, seul réparateur.

Quelques observateurs pensent aussi que les montagnes agissent peut-être sur nos organes par leur force d'attraction comme masses, puisqu'elles exercent une influence incontestable sur les oscillatios du pendule, et sur le système nerveux par l'électricité, qui va s'affaiblissant proportionnellement à leur élévation. Selon l'aimable et savant auteur des *Climats*, et de *la Vérité sur l'hypnotisme*, M. le docteur Gigot Suard, le mal de montagnes est dû, non seulement à la raréfaction de l'air atmosphérique, qui entrave l'hématose, à la fatigue musculaire, à la diminution de l'influence électrique, mais aussi à un trouble de la vue analogue à celui qui détermine le *sommeil nerveux* appelé *hypnotisme*. La frayeur peut jouer aussi un rôle dans le mal de montagne, mais elle est loin d'avoir l'importance qu'on lui attribue généralement.

Sans le mulet, l'homme serait sans cesse exposé à la mort sur les grandes altitudes. Comment l'homme le récompense-t-il de ses services ? Par l'abandon le plus cruel dans les montagnes quand il est trop vieux.

Dans certains pays des anciennes colonies espagnoles, il est de bon goût parmi les maquignons des plaines de donner un coup de couteau à l'animal dont on n'attend plus aucun service. L'animal s'enfuit dans la campagne, où poussé par l'instinct de la conservation, il broute l'herbe épaisse de ces prairies immenses, jusqu'à ce que, épuisé par la souffrance, il expire enfin, au milieu de bandes de corbeaux qui volent autour de lui, croassent lugubrement, et n'attendent pas toujours sa mort pour commencer leur vorace festin.

J'ai vu, de mes yeux vu, ce hideux spectacle, comme j'ai vu dernièrement en Espagne, à Tolosa, une vieille mule étroitement attachée au mur d'une maison depuis trois jours. Cette mule ne valant pas deux piastres, son propriétaire l'avait abandonnée et les passants n'y prêtaient aucune attention. La faim, la soif, l'horrible chaleur du soleil le jour, le froid de la nuit et la fatigue avaient rendu la bête folle. Je détachai l'animal et je lui fis donner à boire et à manger, mais elle ne put ni boire ni manger. Ses yeux étaient éteints et ses dents serrées les unes contre les autres. Je payai pour qu'un homme tuât la pauvre bête, ce qui ne fut ni long, ni difficile.

Revenons à l'âne.

En Égypte, l'âne est moins maltraité que dans presque toutes les parties du monde, parce qu'il est plus beau là que partout ailleurs, et qu'on s'en sert comme d'une monture estimée et peu coûteuse. Peut-être aussi les Égyptiens se souviennent-ils que Jésus montait un âne lorsqu'il voyageait, pour enseigner aux hommes la douceur et la simplicité, lorsqu'il fit son entrée à Jérusalem.

Parmi les avantages que nous retirons de cette bonne et excellente race asine, il ne faut pas oublier le lait doux et bienfaisant de l'ânesse lorsqu'elle est convenablement soignée. Nous n'avons pu lire sans émotion les paroles suivantes que, dans sa reconnaissance, un malade guéri par le lait d'ânesse, adresse à celle qui lui a rendu la santé :

« Pauvre bête, si injuriée, si maltraitée, chargée d'un travail rude et surpassant tes forces, martyre d'un maître cupide, martyre des jeux de l'enfant qui épuise sur toi ses inventions cruelles, pourquoi es-tu si peu appréciée? Tu es entêtée, et les mauvais traitements ne peuvent t'empêcher de choisir le sentier difficile ou dangereux qui se présente : mais qui sait, pauvre bête, si ta seule vanité ne réside pas dans la sûreté de ton pied, qui, ferme et solide, te fait parcourir, chargée et sans chute, un chemin impossible au meilleur cheval! »

Le lait d'ânesse était autrefois réputé pour la conservation de la fraîcheur de la peau. L'histoire nous apprend que la femme de Néron, l'impératrice Poppée, très jalouse du soin de sa beauté, prenait des bains entiers de lait d'ânesse. Lorsqu'elle voyageait, cinq cents ânesses nourrices marchaient à sa suite, offrant à la fille de Titus Ollius le produit de leurs riches mamelles comme autant de fontaines de Jouvence. Étaient-elles mieux traitées pour cela? Tant qu'elles fournissaient le lait désiré, cela n'est pas douteux; mais après!..?

Pourtant à toutes les époques on cite des natures généreuses, et, pour ma part, j'ai connu une dame qui a agi envers une ânesse avec autant de bonté que M. Carafa agit envers son cheval.

Les médecins ayant ordonné le lait d'ânesse à cette dame, elle loua un de ces animaux d'un fermier chez qui la pauvre bête était fort maltraitée. Cette ânesse était laide autant que peut l'être un animal de son espèce; en outre, méchante et entêtée. C'était là en apparence une triste acquisition que faisait la dame.

Les nourrices ont droit à des égards. L'ânesse fut bien nourrie et convenablement soignée. Avec les soins on vit s'opérer en elle un changement radical. Son poil devint luisant et beau, son naturel s'adoucit, et elle put bientôt passer pour un modèle d'ânesse tant au physique qu'au moral. Son lait devint plus abondant encore et plus salutaire aussi. A tel point qu'il rétablit entièrement la santé de la dame. Ordre fut alors donné de rendre l'ânesse à son maitre, le brutal fermier.

Quel changement! c'est à coups de pied que la pauvre bête, après ce temps d'absence, fut accueillie dans la ferme. Elle reprit son collier de misère et ne reçut plus qu'une nourriture insuffisante et grossière.

« Être dans la misère après avoir connu la prospérité, dit La Bruyère, c'est de tous les malheurs le plus grand qui puisse arriver. »

L'ânesse n'avait pas besoin de lire La Bruyère pour comprendre cette vérité, et il ne lui fallut pas réfléchir longtemps pour prendre un très sage parti.

Un beau jour, la dame qu'elle avait fortifiée de son lait la vit entrer dans la cour de sa maison, flanquée de deux paniers remplis de légumes. Elle était crottée jusqu'aux oreilles, et semblait avoir fait un long trajet. En pénétrant dans cette maison à laquelle se rattachaient pour elle tant d'agréables souvenirs, la pauvre bête, transportée de joie, se mit à braire avec un enthousiasme indescriptible.

— C'est moi, semblait-elle dire en son langage peu harmonieux, moi, votre amie que vous aimez tant et qui vous aime plus encore.

Puis, sans autre compliment, elle alla reprendre dans l'écurie la place qu'elle avait occupée trop peu de temps.

— Pauvre animal, dit la dame qui se sentit prise de compassion pour son infortunée nourrice, je te dois la santé, je te donnerai le bonheur en échange.

Une heure après, le fermier arrivait à son tour tout haletant et un grand bâton à la main pour corriger d'importance l'ânesse qui s'était permis de fuir avec les légumes.

Le bâton ne servit point, et les légumes et l'ânesse furent achetés par cette excellente dame, qui, de temps à autre, va faire avec *Fifine* (c'est ainsi qu'elle a nommé l'animal) un tour de promenade dans un parc attenant à la maison. Fifine suit sa maitresse comme un chien, et présente à ses caresses sa bonne et grosse tête dans laquelle il n'y a plus ni méchanceté ni entêtement, et qui est toute remplie de recon-naissance.

Dans ses *Souvenirs de la campagne d'Italie*, Louis Noir raconte une amusante histoire d'âne savant, caricaturiste spirituel et soldat héroïque à ses heures. L'histoire de cet âne et de son maitre, un ex-zouave, est un des épisodes divertissants de la bataille de Magenta, car il y a du comique partout, et jusque sur les champs de bataille, ces salles de spectacle de l'enfer de ce monde. Je laisse parler Louis Noir.

L'ex-zouave s'appelait Manitou, un surnom dont il ne pouvait expliquer l'origine. Entre autres sobriquets, l'âne avait celui de Sapajou. Manitou et Sapajou faisaient du commerce, l'un portant l'autre, à la suite des armées. Philosophes tous deux, ils vivaient au jour le jour, tantôt dans l'opulence, tantôt dans la misère.

La prospérité n'enflait pas leur cœur; l'adversité n'abattait point leur courage : ainsi sont les sages. Prenant leur part égale du bien et du mal qui leur arrivaient, se délassant le soir de leurs fatigues par une conversation aussi harmonieuse que spirituelle, l'âne et l'homme donnaient au monde en général, et aux zouaves en particulier, le spectacle d'une amitié dont rien ne troublait la sérénité.

Il y avait pourtant entre eux une grande différence : Manitou n'était qu'un homme ignorant et simple; Sapajou était un âne savant et très rusé, mais il ne profitait pas de sa supériorité intellectuelle pour humilier son ami.

Sapajou faisait le soir les délices des bivacs. Après avoir transporté toute la journée sur son dos la pacotille de la société commerciale Manitou, Sapajou et Cⁱᵉ, il amusait les soldats. Il donnait gratis ses représentations et Manitou était son impresario.

Il fallait voir Sapajou, sur les invitations de son ami, exécuter mille tours plus merveilleux les uns que les autres.

— Sapajou, disait Manitou, fais-moi le plaisir d'imiter le tambour-major du 101e.

Aussitôt l'âne se dressait sur ses pieds de derrière, pointait ses oreilles vers le ciel, renversait la tête en arrière et se cambrait sur ses hanches; un tambour battait une marche et Sapajou allait au pas, se carrant majestueusement, dodelinant la tête et imitant avec le pied droit les mouvements du bras qui tient la canne; puis il se retournait, marchait à reculons, et faisait mine d'aligner ses tambours. C'était à mourir de rire.

Manitou disait ensuite : — Sois assez gentil maintenant pour nous montrer comment le colonel C... regarde les Italiennes.

Et Sapajou, toujours debout, prenait des façons conquérantes, roulait des yeux langoureux à droite et à gauche, puis faisait des saluts prétentieux de ci, de là, avec une grâce des plus grotesques.

Au commandement de Manitou, l'âne continuait de faire les portraits-charges des célébrités militaires.

Or, il advint qu'à la bataille de Magenta, Manitou et son âne marchaient en avant d'une compagnie d'éclaireurs, qui rencontrèrent un escadron de uhlans; la compagnie forma le carré, mais Manitou trop avancé n'eut pas le temps de se rallier à elle. Il était armé, il résolut de se défendre et sauta sur son âne pour charger l'ennemi.

C'était un trait de folle témérité; mais un ex-zouave, cerveau brûlé comme Manitou, n'y regardait pas de si près.

Manitou et Sapajou au 101e régiment de zouaves.
(Sapajou faisait le soir les délices des bivouacs).

— En avant! Sapajou, cria-t-il.

L'âne, soit caprice, soit erreur, se dressa sur ses pieds de derrière, se mit à braire et marcha vers les uhlans en imitant le tambour-major. D'une main, Manitou s'était cramponné à la crinière de son ami; de l'autre il croisait la baïonnette sur l'ennemi et il faisait chorus avec sa monture en poussant des cris féroces.

Les uhlans stupéfaits s'arrêtèrent d'abord; puis comme Sapajou s'avançait avec une contenance belliqueuse, ils furent pris d'une superstitieuse terreur et s'enfuirent, bien persuadés que le diable en personne combattait avec les Français.

Terminons en publiant une lettre assurément fort intéressante. Elle a été adressée au secrétaire général de la Société protectrice des animaux par M. Delaporte-Bayart, sur l'intelligence et l'*humanité* d'un âne, bien digne d'une médaille d'honneur dont pourtant il n'a point été décoré.

Voici cette lettre :

« De tous les animaux qui obéissent à nos caprices, et qui contribuent à nos plaisirs et à nos besoins, l'âne est sans contredit le plus maltraité; son aspect excite le rire, son nom est devenu une injure, son échine semble faite pour recevoir des coups et pour plier sous le poids des fardeaux; enfin nous sommes habitués à voir dans le pauvre quadrupède un paria et un souffre-douleur.

» Le fait suivant, dont nous avons été témoin, contribuera, sans doute, à réhabiliter cette victime infortunée de l'injustice et de la brutalité des hommes.

» Deux baudets, confortablement caparaçonnés et portant chacun un bambin de bonne maison, cheminaient dernièrement, côte à côte, sous la direction d'une jeune bonne, dans cette partie du terrain de manœuvres qui avoisine l'allée Saint-Roch à Cambrai.

» Les petits écuyers se contentaient d'une allure modeste, et leurs pacifiques montures, marchant d'un pas grave et régulier, ne semblaient nullement disposées à prendre leurs ébats.

» Tout à coup un chasseur qui rôdait non loin de cet endroit lâche un coup de fusil. La détonation épouvante l'un des roussins d'Arcadie qui lance une ruade et part au galop, désarçonnant son cavalier, dont le pied reste malheureusement engagé dans l'étrier.

» L'enfant jette des cris d'effroi; sa tête heurte le sol. La domestique, pâle d'émotion, est près de s'évanouir et n'a pas la force de voler au secours de son jeune maître.

» Le deuxième baudet voit cette scène et semble comprendre l'imminence du péril. A son tour il part au galop, mais sans laisser en route son cavalier qui se cramponne des deux mains à la selle; il rejoint son camarade, se jette devant lui et ouvrant une large bouche le saisit par une oreille. Force fut donc au fuyard d'interrompre sa course et de courber la tête en exprimant sa douleur de la façon la moins mélodieuse.

» La bonne eut le temps d'accourir et de relever

l'enfant, qui, grâce à l'instinct et au dévouement d'un âne, a pu échapper sain et sauf à de sérieux dangers. »

Deux chiffres avant de clore ce chapitre.

Nous avons, en France, trois cent mille ânes, — soit dit sans aucune intention malicieuse, — et trois cent trente mille mules et mulets.

V

LE CHIEN

J'ai eu un ami — il est mort, hélas ! aujourd'hui —
qui était bien l'esprit le plus paradoxal que j'aie jamais connu. Charlet avait dit un mot qui devait faire
fortune parce qu'il est à la fois juste et hardiment original. « Ce qu'il y a de meilleur chez l'homme, c'est
le chien. » Mon ami qui se nommait de son petit nom
Alfred et que nous (tous les jeunes de son entourage,
car nous étions jeunes alors, nous appellerons Alfred Pa-
radoxe) Alfred nous fit un jour, à propos d'un vilain
petit chien maigre et souffreteux qu'il avait recueilli

le trouvant perdu dans la rue pour le soustraire à la fourrière, une dissertation sur cet animal que je voudrais pouvoir reproduire avec les inflexions de la voix de l'orateur, ses gestes nombreux et son accent méridional qui donnait un si piquant relief à sa parole. Voici ou à peu près le langage que ce bon cœur et cet esprit fantaisiste nous tint sur « l'ami de l'homme. »

« Le chien, nous dit Alfred, a presque tous les vices de l'homme et il les exagère tous : soit dit sans préjudice de son attachement à son maître, attachement profond allant jusqu'au dévouement, mais entaché d'intérêt et de bassesse comme l'attachement et le dévouement de tout esclave pour son maître. »

Alfred ne remarquait pas que l'esclavage qui abaisse et corrompt en effet les hommes, relève au contraire l'animal trop inférieur à l'homme, intellectuellement, pour lui permettre d'être son égal, jouissant de droits égaux et qui ne peut aspirer qu'à le servir. Mais je laisse continuer mon ami sur le ton où il lui a plu de soutenir sa thèse. Elle a du moins le mérite d'être amusante.

« Le chien est le plus vil courtisan de la création, si riche en courtisans de toutes peaux et de toutes pattes. Le chien rampe, lèche les semelles de bottes de ceux qui le dominent et menace de dévorer ceux qu'il ne craint pas. Doué d'instincts canailles, il se plaît dans les grandeurs. Né pauvre et misérable, — comme tous les animaux, du reste — il professe pour tous ceux dont la mise est celle de la *non fortune* un mépris qui se change souvent en fureur ; car il est très irritable. Si les malheureux qui demandent l'aumône ne rencontraient sur leur route que des cœurs de chien, ils ne mangeraient jamais et seraient souvent mangés. »

Si les chiens, ô Alfred, sont amis des grandeurs avec des maîtres opulents, ils savent se contenter de toutes les portions qui leur sont offertes. Dans la misère que notre civilisation réserve à tant d'hommes au sein des villes les plus riches, le chien est le seul ami qui nous reste, il nous aide souvent à gagner notre affreuse existence au jour le jour, il tient dans sa gueule la sébile du mendiant, et quand nous mourons délaissés de nos semblables, le chien est le seul être qui nous regrette, qui nous pleure. Ses regrets sont éternels et parfois il n'y survit pas. Voilà un « courtisan » qui ne ressemble guère, on en conviendra, aux courtisans de notre espèce... » Suivons Alfred dans son réquisitoire caniphobe.

« Voyez l'air hautain de ces aristocrates à quatre pattes quand ils vont au bois dans la calèche de leur maître, en élégante société. Comme ils fixent sur vous, vil prolétaire qui allez à pied, un regard insolent et provocateur. Ils n'ont pas la livrée de la maison, mais quels valets ostentateurs! Ils ne portent ni cravates ni faux-cols, mais quelle raideur dans tout leur individu, comme ils se cambrent sur leurs pattes de derrière, la queue en trompette, le nez plissé par l'arrogance, la lèvre échancrée par le dédain, montrant une dent prête à argumenter à la première observation que vous vous permettriez de faire sur lui, sur sa société, sur ses domestiques, sur son attelage.

» Car tout cela est à lui : c'est son pei,, ., c'est son royaume, et les princes caniches ne sont jamais de bons princes. C'est à vous de baisser les yeux, si vous ne voulez pas qu'il vous jette en aboyant le défi à la face. Approchez cependant et allez résolument à lui : huit fois sur dix il aura peur. Corrompu par le luxe, avili par son état d'esclavage, il n'a des fières vertus que les apparences et son courage n'est que de la vantarderie. En un instant, le bravache aura quitté sa fière posture sur le banc de la calèche, en déroulant sa trompette qu'il rentrera honteusement entre ses jambes pour se cacher sous les robes de sa protectrice, l'autorité.

» Demandez le nom d'un de ces intéressants amis de l'homme, on vous répondra *Mignon*. Je ne suis point méchant et de plus je me fais honneur d'appartenir à la société protectrice des animaux (Alfred faisait, en effet, partie de cette assemblée d'hommes bons et honnêtes), je ne suis point méchant, mais en voyant les airs provocateurs de certains de ces Mignons, il m'a pris des envies de leur faire passer en les étranglant, non le goût du pain, ils n'en mangent point, mais des macarons et des meringues à la crème dont on les farcit, moins par générosité peut-être, que pour obéir au bon ton qui exige ce sacrifice de pâtisserie.

» En un mot, le chien est l'animal le plus dépravé de tous les animaux qui, par faveur céleste, habitent notre boule terrestre, — un vilain lieu, à considérer les choses. Cette dépravation, il ne la tient pas de la nature, mais de son contact avec les hommes. Ceux-ci le recherchent et l'ont pompeusement appelé leur ami. Il n'y a pas pour le chien de quoi se vanter. Ami de l'homme soit; mais avant tout, son esclave. »

Ici la compétence d'Alfred prit un tour philosophique qui n'avait presque plus rien de paradoxal.

« Depuis que des hommes ne sont plus la propriété d'autres hommes, les chiens sont devenus indispensables pour tout le monde, et on a prélevé sur eux un impôt. Il est si agréable d'avoir à son entière soumission un être sentant et pensant jusqu'à un certain point, qui avale sans raison nos friandises quand nous sommes en bonne humeur et reçoive injustement un coup de pied pour nous soulager d'une injustice qu'on nous a faite. Qu'on ne s'y trompe pas, si le chien était ce qu'il y a de meilleur en l'homme, comme dit Charlet, il serait moins son ami. C'est plutôt le contraire. En effet, nous ne sommes jamais bien franchement l'ami des êtres qui nous sont supérieurs et nous accordons, au contraire, bien volontiers, notre protection et nos tendresses aux êtres qui nous paraissent inférieurs. Notre amour-propre l'exige ainsi. Et pourtant il ne serait pas non plus vrai de dire que ce qu'il y a de meilleur chez le chien c'est l'homme.

» Car enfin il y a des types de chiens très honorables, le chien du *convoi du pauvre*, le chien de l'aveugle, le chien du gagne-petit et même le chien savant celui qui sait jouer aux dominos, porte des lunettes comme un notaire ou passe à travers des cerceaux comme une écuyère. »

Il est encore beaucoup de types de chiens estimables et auxquels Alfred lui-même n'eût pas refusé son estime. Toutefois il est bien vrai que les grandeurs, le trop grand luxe et l'abus de la bonne chère démoralisent les chiens comme ils dépravent souvent les hommes ; mais, Dieu merci, toute la gent canine ne va pas au bois en calèche découverte et n'a pas à ses ordres un nombreux domestique.

Paris est, je crois, de toutes les villes de France et probablement du monde entier, celle où l'on remarque le plus grand nombre de chiens de luxe, ou si vous aimez mieux, de chiens d'appartement. Quelques races ont été adoptées par le beau monde et par le demi-monde, dont les goûts sont si souvent les mêmes. Les favoris du jour sont les chiens dits de la Havane, au poil long, blanc et soyeux mais aux yeux rouges et pleureurs. Pour la femme du monde le havanais n'est qu'un amusement, un joujou animé ; pour la courtisane assez abandonnée du ciel pour promener par les rues sa misérable et dégradante existence, il est une nécessité, un outil de sa profession, une enseigne ajoutée à sa ceinture dorée. Pourrait-on sans prétexte interpeller dans les promenades publiques ces créatures de haut chignon, de hauts talons et de larges chapeaux à plumes ? Le havanais est pour leurs admirateurs de hasard, un moyen possible de lier conversation. — Oh ! le joli petit chien ! Il est presque aussi gracieux que sa maîtresse. — Vous trouvez, monsieur ? — Comment donc ! Et même s'il faut vous dire toute ma pensée, etc. etc. ; on sait le reste.

Au nombre des chiens de luxe, il convient de placer le chien de chasse, non point de tous les chasseurs, mais du chasseur parisien. Pour ce fils de saint Hubert, tout est luxe en fait de chasse, le chien, la carnassière, les guêtres jaunes, le fusil et le gibier qu'il achète à la halle et qui n'est pas toujours frais. Qu'il est loin de nous le temps giboyeux où le chasseur parisien trouvait à tuer un moineau, quelquefois deux dans la plaine Saint-Denis ! Des chroniqueurs penchent à croire, d'après certains manuscrits empreints d'une grande naïveté, que des perdreaux auraient été aperçus dans cette même plaine. Mais, à ce sujet on n'a que des présomptions ; les preuves manquent. L'autorité a donc bien fait, — une fois n'est pas coutume, — de considérer à Paris les chiens de chasse comme des chiens sans aucune utilité, et de les imposer en conséquence. Je ne sais si vous vous souvenez de l'effet que produisit partout en France le nouvel impôt sur les chiens. Le peuple français est moins exigeant qu'on ne le croit. Jouissant déjà d'un certain nombre d'impôts, il se trouvait parfaitement satisfait ainsi et ne songeait nullement d'en réclamer de nouveaux. N'importe, il fut créé en sa faveur l'impôt sur les chiens.

L'homme est bon autant que les gouvernements sont généreux. Cet impôt fut pour beaucoup d'excellents chiens un arrêt de mort ou de bannissement. Si encore il y avait en France comme en Angleterre une

maison de refuge pour les chiens sans asile ! Mais non,
et la fourrière où l'on pend par le col jusqu'à ce que
mort s'ensuive les chiens en rupture de ban, est jusqu'à présent la seule maison hospitalière créée à Paris
en faveur du meilleur et du plus fidèle de nos amis,
Aussi arriva-t-il que, à l'époque du décret, le propriétaire de maint caniche désireux de conserver son meilleur et plus fidèle ami sans payer l'impôt, eut recours
à cet ingénieux moyen : faire empailler l'ami et le
mettre sur la cheminée.

Si donc il y a des catégories de chiens vivants pour
toutes les catégories de la société, il y a aussi pour
les personnes économes, des chiens empaillés qui ne
payent pas de taxe.

Je viens de parler de la fourrière où l'on conduit à
la mort — et souvent une mort des plus cruelles — tous
les chiens erra 's à Paris que leur propriétaire ne ré-
clame pas au bout d'un temps très court. Il s'est
trouvé des ennemis de la race canine qui, considérant la
fourrière comme une mesure insuffisante, ont rêvé
une Saint-Barthélemy de chiens, c'est-à-dire le massacre sans exception, de tous ces animaux, sous prétexte
qu'ils deviennent enragés. Le moyen était radical,
mais il n'a pas été du goût de tout le monde. L'auteur
d'une brochure intitulée l'*Extinction de la race canine* eut la singulière idée d'envoyer cet écrit au maréchal Vaillant. Mal lui en prit. Voici la lettre qu'il
reçut du maréchal, ennemi des massacres, en général, quoique homme de guerre, et l'ami éloquent,
pirituel et plein de cœur des pauvres bêtes menacées.

« Je voudrais, monsieur, pouvoir vous remercier de l'envoi que vous m'avez fait de votre brochure sur l'*Extinction de la race canine;* mais, en vérité, mon courage ne va pas jusque-là. J'ai horreur de ce nouveau massacre des Innocents, objet de votre réquisitoire; j'ai horreur de cette autre Saint-Barthélemy de chiens prêchée par vous! Quoi! vous tueriez le chien d'Ulysse, ce vieux chien aveugle qui reconnaît son maître après une absence de plus de vingt années, et qui tente un dernier effort pour venir encore une fois lui lécher la main! Grâce, monsieur, grâce pour Argos, ne le tuez pas! Il succombe à l'excès de sa joie... laissez-le mourir de bonheur!

» Vous tueriez le chien du jeune Tobie accourant de si loin pour annoncer au pauvre père aveugle la prochaine arrivée de son fils et la fin de ses malheurs!

» Vous tueriez ce chien dont l'instinct plus que merveilleux sut découvrir saint Roch mourant de la peste, au fond d'une caverne, dans un affreux désert! — ce chien qui rendit au monde un homme presque Dieu par la charité et que tant d'actes de sublime dévouement devaient conduire au ciel!

» Vous tueriez ce vaillant chien de Montargis sans lui laisser le temps de dénoncer l'assassin d'Aubry de Montdidier, son maître, et de forcer Richard Macaire a confesser son crime!

» Vous tueriez Fido, le chien de Jocelyn, qui a inspiré à Lamartine ces vers délicieux que l'on ne peut lire sans se sentir les yeux mouillés!

» Vous tueriez le *Chien du Régiment,* le *Chien du*

Convoi du Pauvre, le *Chien de Terre-Neuve*, celui de
l'hospice du Saint-Bernard, après qu'il aurait retiré
votre fils d'un précipice rempli de neige, ou qu'il l'aurait arraché aux flots prêts à l'engloutir ! Tous y pas-
seraient sans exception, sans merci ni miséricorde...

..... Vous tueriez Néro !!...

» Votre rage s'exercerait même sur mon chien qui
est là couché contre la main qui vous écrit, les yeux
fixés sur les miens et y lisant l'indignation dont je suis
animé contre vous ! « Gronde ce monsieur, semble-t-il
» me dire, gronde-le bien fort ; dis-lui comme je
» t'aime, comme nous nous aimons ! Combien j'aime
» ta sœur, ta nièce, tous ceux qui te sont chers, dis-lui
» comme je veille sur toi à chaque instant du jour et
» de la nuit ; cite-lui les noms de tous les gens que
» j'ai mordus ; parle-lui de tous les pantalons que j'ai
» déchirés, de toutes les robes que j'ai mises en lam-
» beaux, uniquement parce que les personnes qui les
» portaient voulaient te parler de trop près, récite-lui
» quelques-uns des vers que le duc de Malakoff, ton
» fidèle ami, a faits sur moi plus fidèle peut-être en-
» core ! Montre à ce vilain homme quelques-unes des
» épîtres françaises, latines, allemandes, italiennes
» que j'ai inspirées aux gens de cœur qui ont su m'ap-
» précier chez toi ! Dis à ce calomniateur, incapable
» sans doute de comprendre un attachement pur et
» absolument désintéressé, qu'au bas du beau portrait
» que l'habile Jadin a fait de ton chien, une jeune fille
» de douze ans, encore plus jolie, sinon plus douce

» et plus aimable que moi, a fait graver parmi bien
» d'autres vers, tous à ma louange et que je mérite,
» j'ose le dire, ces deux lignes qui m'ont plus touché
» que le reste :

. . . .

Du bien de mon bon maître, en ami je profite :
J'aimerais son pain noir, s'il était malheureux !

  » Dis-lui aussi que, sur une belle gravure faite, d'a-
» près ce portrait, par le fils d'un général célèbre, on
» voit écrits ces autres vers :

Sulfureis captam depinxit doctus in arvis
   Artificis calamus quæ sedet, ecce, canem ;
Atne quære, precor, faciei dote venustam.
   Nec quæ blanditias fandere, dulcis eat :
Corpus enim pingens animi meliora relinquit
   Munera, nec vidit pectoris ille sinum.
Victa equidem vici victorem, corde fideli,
   Cura, grato animo, calliditate, jocis.

  » Explique-lui bien que *arvis sulfureis* doit signifier :
» *sur le champ de bataille de Solférino ;* que *captam*
» veut dire que c'est toi qui m'as prise ; que *sedet*
» exprime que je suis représentée assise et non pas
» debout sur mes quatre pattes ; dis-lui que la petite
» antithèse (si c'est ainsi que cela s'appelle) *victa vici*
» *victorem* est de toi, et que je la trouve assez jolie...
  » Mais, mon bon maître chéri, fais mieux encore,
» n'écris pas à ce bourreau des chiens ; attends que
» nous allions ensemble présider le conseil général de

» ton cher pays ; alors, tu m'ôteras ma muselière pen-
» dant quelques instants seulement, et tu verras si je
» ne rends pas la pareille à l'indigne qui vient de
» nous déchirer à si belles dents. »

» En attendant que Brusca mette son projet à exé-
» cution, croyez-moi, monsieur,

» Votre très humble serviteur.

» LE MARÉCHAL VAILLANT. »

N'est-ce pas tout à fait charmant cette plaidoirie, et
après l'avoir lue ne comprend-on pas mieux encore
qu'avec le seul secours de ses propres réflexions les
qualités morales du chien et l'affreux ridicule de la
pensée de vouloir les exterminer tous en bloc pour
éviter qu'aucun d'eux ne puisse devenir enragé ?

J'ai dit dans le chapitre sur l'âne en rapportant
l'histoire du suicide de l'un de ces animaux, qu'on a
des exemples de chiens s'étant volontairement donné
la mort à la suite de la perte de leur maître. Les
exemples de chiens s'étant laissés mourir de faim ne
sont pas rares ; il est plus rare de les voir se suicider
violemment.

Les amis des bêtes n'ont pas oublié qu'il y a sept
ans environ, les journaux anglais racontaient que
Mac-Grégor, le célèbre lévrier de courses de lord Red-
cliffe, s'élança par une fenêtre très élevée du château
d'Ynverari huit jours après la mort de son maître.

D'autre part tout le monde, sur la ligne du Nord,

connaît la légende du chien de l'aiguilleur. Celui-ci était mort ; son chien, un vieux barbet blanc tout laid et tout sale, mais doué d'un cœur qui ferait grand honneur à l'espèce humaine, alla s'étendre sur un rail et se laissa écraser par un train, malgré des pierres qu'on lui jeta pour le faire partir.

Le chien remonte à la plus haute antiquité dans l'histoire de la création des êtres qui peuplent la terre. Aussi loin que nous reportent les monuments de l'antique Orient, partout on trouve l'indication de races de chiens extrêmement variées, sauf, nous dit M. Mégnin et après lui Georges Pouchet, sauf peut-être les petits chiens monstrueux qui sont aujourd'hui un des grands luxes de nos élégantes. Même les monuments égyptiens, les plus anciens tombeaux des rois à Béni-Hassan près de Thèbes, nous montrent déjà des chiens avec la queue en trompette, des lévriers, des bassets. Un bas-relief des ruines de Babylone, représente un bull-dogue énorme à l'encolure presque grosse comme le corps d'un homme.

Les paléontologistes, de leur côté, en fouillant la terre, ont trouvé, particulièrement dans les grottes du département des Alpes-Maritimes, des ossements de chien se rapportant aux races les plus diverses. A Saint-Césaire, la plus grande partie de ces ossements appartenait au chien de berger et d'autres à une grande espèce de dogue, à des bassets, etc. Et comme il existe en même temps dans ces grottes, de très nombreux débris d'industrie humaine, on ne saurait douter que nous soyons ici en face d'anciennes races domestiques.

Il y a donc bien des siècles que l'homme a fait du chien son compagnon et son auxiliaire. Mais où l'a-t-il trouvé? et surtout comment expliquer ces diversités presque indéfinies dans la taille, dans les formes, dans le pelage, qui font de l'espèce canine, telle qu'elle apparaît à nos yeux aujourd'hui, un des problèmes les plus attachants et les plus obscurs de la biologie. Nous connaissons des animaux sauvages chez lesquels les individus d'une même espèce offrent de notables différences, surtout dans la couleur de leurs poils, de leurs plumes ou de leurs écailles. Quelquefois même les différences vont plus loin et portent sur la taille, sur des particularités du squelette. Nous pouvons prendre, si l'on veut, comme type de la plus grande variété naturelle existant entre des êtres vivants, celle qui sépare le blanc du nègre parmi les hommes.

Non seulement le chien est le fidèle et dévoué compagnon de l'homme partout où il y a des hommes, — car le chien est de tous les animaux le plus cosmopolite, et il vit encore des restes de la pêche et de la chasse de ses maîtres où cesse toute végétation, — mais il est notre *indispensable* collaborateur quand il s'agit de la vie pastorale. L'élevage des bestiaux serait-il possible sans le concours intelligent, si dévoué et si effectif des chiens appelés chiens de bergers? Au sud, le chien veille sur les moutons sans laine de l'Africain; au nord, nous le retrouvons gardant les rennes du Japon et traînant l'Esquimaux jusque sur les glaces du pôle. En Belgique, en Hollande et dans plusieurs autres contrées de l'Europe, attelé à de petites charrettes, il rend aux marchands, aux petites industries les plus utiles services. Mais à quels travaux n'a-t-on pas utilisé l'intelligence et la vaillance de ce brave animal ? Si les contrebandiers s'en servent pour leur coupable commerce, les douaniers les utilisent contre les contrebandiers et il ne dépend que de l'homme que le chien soit toujours employé à des services honnêtes. Comme ils sont fiers et remplis de leur importance ces petits chiens-loups qui, de garde sur les camions, en défendent l'approche aux étrangers ! On ne tromperait pas leur vigilance. Ils valent mieux pour garder des voleurs les marchandises étalées sur le camion qu'un commis bien appointé. Que de commis, en effet, pourraient pour le zèle et l'intérêt qu'ils doivent à leur patron, prendre exemple de Brillant, un chien dont Bruxelles conserve le souvenir, et qui n'a été trompé qu'une fois par un misérable voleur qui moralement n'était pas digne de lui lécher ses pattes honnêtes et rompues au travail.

Brillant, d'abord simple veilleur de nuit, passa promptement, eu égard à son intelligence et à sa bonne volonté, chien de confiance, commissionnaire assermenté avec médaille. Un peu d'arithmétique et de littérature et on en faisait un comptable et même un secrétaire. Le matin, maître Brillant, la tête haute, le regard vif et intelligent, se rendait, son panier suspendu aux dents, chez le boulanger pour la provision de la journée. Sans aucun retard, sans se laisser distraire par les chiens flâneurs qu'il rencontrait sur son chemin, Brillant apportait une grosse miche et des petits pains frais pour le café au lait. Assis sur son derrière, le regard fixé sur son maître, le commissionnaire attendait de nouveaux ordres. Pas de conversation oiseuse. Sur un signe toujours compris, Brillant reprenait son panier et successivement se rendait chez l'épicier, chez la fruitière, à l'estaminet même. La bouteille vide était remplie de faro. Brillant surveillait l'opération du mesurage et je ne sais pas s'il se serait laissé tromper. Le soir, la mission délicate de mettre les lettres à la poste lui était confiée. « Rien, écrit un témoin oculaire, de plus curieux à observer que Brillant, une ou plusieurs lettres dans sa gueule, allant les jeter à la boite de la grande poste. Dressé sur ses pattes de derrière au-dessous même de l'ouverture de la boite, ses pattes de devant appuyées au mur, il implorait le factionnaire, ou un passant de jeter les lettres dans la boite à l'orifice de laquelle sa taille ne lui permettait pas d'atteindre. »

Un jour, jour de malheur, il s'est trouvé sur le chemin de Brillant un maraudeur assez cynique pour voler au fidèle messager le litre de faro qu'il apportait du passage Saint-Hubert. Voler un chien!... Le pauvre Brillant rentra ce jour-là bien humilié. On eut beaucoup de peine à le consoler de sa mésaventure.

Les bouchers ont leurs chiens qui sont des chiens de garde. Jadis, quand les combats d'animaux étaient tolérés, c'est-à-dire de 1781 à 1833, ces chiens allaient se mesurer le dimanche et le lundi avec des ours, des taureaux, des ânes, des loups, des cerfs, des sangliers, et aussi entre eux, à la fameuse barrière du combat,

Le chien de boucher.

où un cirque ignoble avait été construit à cet ignoble, usage. Les vieux habitués de ces combats sans noblesse vous parleront encore avec enthousiasme de l'ours Carpolin, le César de cette armée d'animaux. Que de bouledogues se sont régalés sur lui de biftecks d'ours saignants; mais aussi que de bouledogues décousus d'un revers de patte par Carpolin! Le beau spectacle, l'ours grognant avec deux chiens pendus à sa tête en guise de boucles d'oreilles, un autre chien hurlant et fuyant en traînant ses entrailles, l'âne assailli par une meute en fureur et brisant en ruant la gueule de ses adversaires, le cerf courant avec un chien embroché par ses cornes et la foule avinée, riant chantant, pariant, vociférant, se battant, elle aussi, quelque peu et lançant des quolibets!

Après le chien de boucher voici venir le terrier ou chien d'écurie, qui fraternise avec les chevaux, chasse les rats et monte avec le cocher sur le siège de la voiture quand il ne va pas à cheval comme un parfait gentleman rider. Sa physionomie manque de distinction, mais comme il est vif, adroit, musculeux, hardi et bon par excellence.

Non moins bon est le chien du soldat qui fait campagne avec le régiment, affronte la mitraille et vit en temps de paix comme à la guerre d'un morceau de pain de munition quand cela se trouve, et de rien quand il n'y a pas autre chose. Son lit s'étend sur toute la surface du sol français, et il meurt perclus de rhumatismes comme tous les braves.

Le degré de domestication des animaux étant, d'après M. Geoffroy Saint-Hilaire, en raison directe du degré de civilisation des peuples qui les possèdent, et le peuple parisien étant — c'est lui qui le dit — le peuple le plus civilisé du monde, jugez du degré de domestication des chiens de Paris. Il en est qui poussent la civilisation jusqu'à voler aux étalages des marchandises pour le compte de leurs maîtres. Enfin il y a parmi les chiens, comme parmi les hommes, la grande et la petite bohème qui vit de ses talents quand elle vit de quelque chose.

La bohème canine qui vit de ses talents, joue la comédie sur l'avenue Trudaine, sur la place de la Bastille et ailleurs, attifée en Pierrot, en Colombine, en troubadour, en marquis et en marquise.

La bohème qui ne vit de rien et vit de tout, partout et nulle part, avec l'épée du Damoclès de la fourrière sans cesse suspendue sur la tête, trouve son type dans le réfractaire dont parle le vieux Rétif de la Bretonne, autre réfractaire.

Je le rencontrai un soir, dit-il, comme il venait de dîner en ville, et nous fîmes route ensemble. *Luxembourg* n'est pas beau, mais il est philosophe. C'est un mélange de mâtin et de caniche. On ne sait ce qu'il était avant son installation au Luxembourg dont il s'est emparé malgré la consigne. L'été, il couche dans le jardin, l'hiver, à la porte du café, où on lui fait un lit de paille. Jamais il ne sort à moins que sur une invitation en forme de quelque bipède de ses amis. C'est ainsi qu'hier M. Panchouke lui a dit : « Luxembourg, veux-tu venir dîner chez moi ? » Et le chien l'a suivi, après quoi il est entré au Luxembourg, où il siège définitivement, considéré de tous par sa bonne conduite et son patriotisme. »

A Paris, il y a toujours eu un chien célèbre à un titre quelconque. Après *Munito*, le chien du Palais-Royal ; après *Emile*, le chien des Variétés ; après *Barricade*, le chien des mobiles ; après *Sidi*, le chien du 2ᵉ zouaves, qui fit sa rentrée avec les troupes d'Italie ; après *Reimps*, le chien de l'aveugle du quai Malaquais, qu'on a su plus tard être un chien empaillé ; après, *Marquis*, premier ténor et premier mime d'une troupe d'artistes comme lui et qui mourut étranglé par un gros terrier, dans un accès de jalousie, enfin mademoiselle *Bianca*, une chienne de la race des caniches qui, pour la lecture et l'orthographe en aurait démontré à un bon quart des citoyens français.

J'ai voulu connaître particulièrement mademoiselle Bianca et elle m'a fait l'honneur de m'admettre chez elle en petit comité, ce dont je lui suis très reconnaissant. Voir les artistes sur le théâtre de leurs exploits, c'est fort agréable sans doute, mais être admis dans leur intimité est chose précieuse. Si ces lignes tombent sous les yeux de mademoiselle Bianca, ce qui est probable, les artistes ne dédaignant point généralement de lire les articles de journaux où leurs mérites sont vantés, elle verra que, quoique je ne sois qu'un homme, tout sentiment de reconnaissance n'est pas banni de mon cœur.

Disons d'abord, à l'avantage de notre héroïne, qu'elle est d'une modestie qui va jusqu'à dépasser celle de toute la gent lettrée, hommes et femmes, pourtant si modeste, comme chacun sait.

La vanité, ce vilain défaut que certains observateurs ont cru constater chez quelques sujets de l'espèce humaine, heureusement fort rares, n'est point un vice de l'espèce canine, et mademoiselle Bianca, malgré tous ses talents, est restée ce que la nature l'a faite : simple et bonne autant que spirituelle et belle. Son œil reflète les sentiments, qui sont peu de chose quand ils existent chez les bêtes, mais qu'on appelle vertus quand les hommes en sont doués. Avec des airs souvent insouciants et légers, elle sait tout observer et sa mémoire est prodigieuse. La nature a jeté sur son dos une riche fourrure blanche de poils longs, fins et frisés, que les ciseaux de son maître, — je devrais dire son précepteur, — ont dessinés en forme de caraco d'astrakan, suivant les modes du jour. Madame de Renneville elle-même n'y trouverait rien à reprendre.

Elle lit couramment, écrit à sa manière, corrige les fautes d'orthographe, fait sa partie d'écarté, compose un bouquet suivant le nom des fleurs ou leurs couleurs ; et, d'après un programme que j'ai sous les yeux, parle ou du moins connait dix-neuf langues.

En supposant que l'affection bien naturelle du professeur de mademoiselle Bianca pour son excellente élève lui ait fait exagérer d'une quinzaine de langues les talents de celle-ci, elle serait encore une polyglotte des plus distinguées. Ce que je puis affirmer, c'est que, lui ayant donné le mot anglais *God* à traduire en latin, elle a composé sans aucune hésitation le mot *Deus*. Voici comment elle opère :

Elle est montée sur une table assez grande pour qu'elle puisse y circuler à l'aise. Autour de la table, dont elle occupe le centre, sont des petits cartons sur lesquels se dessinent les différentes lettres de notre alphabet. Un mot étant donné, une traduction étant proposée, mademoiselle Bianca semble réfléchir un instant, ferme les yeux à demi comme un poëte qui cherche une rime, et circule autour de la table, prenant à son aise sans jamais se presser, les lettres, une à une, jusqu'à ce que le mot soit formé. Alors elle s'assied gravement et jappe, comme on met un point à la fin d'une phrase.

Elle joue aux cartes par le même procédé, et c'est de même qu'elle compose des bouquets. Pendant le travail de cette spirituelle bête, son maître se tient immobile à trois ou quatre pas de distance de la table, et ne dit pas un mot. Il fait mieux, il disparait entièrement derrière une porte, et l'artiste à quatre pattes, non seulement opère elle-même, comme l'excellent photographe Pierre Petit, mais opère seule.

— Ainsi, dis-je à l'instructeur de cet animal, votre chienne lit réellement et comprend ce qu'on lui dit ?

— Comment pourriez-vous en douter, puisque vous la voyez agir en mon absence ?

— Elle est bien, comme l'a dit M. Roqueplan, la digne rivale de Munito, le Newton de la race canine.

— Munito, monsieur ! s'écria vivement et avec mépris le professeur de mademoiselle Bianca, Munito n'était qu'un insigne charlatan, un de ces chiens qui abusent de la crédulité publique, comme il y en a tant.

— Munito, un charlatan? Vous m'étonnez!

— Oui, monsieur, et je le lui dirais en face. Il ne faudrait pas confondre l'imposture avec le vrai talent. Munito était de la dernière ignorance; ma chienne Bianca, au contraire, a tout appris par principes, et ce qu'elle sait, elle le sait bien.

— Ainsi Munito ne savait rien et s'entendait avec son maître pour paraître savant?

— Vous l'avez dit, monsieur.

— Il y a donc parmi les chiens de faux savants comme parmi les hommes?

— Il y en a, monsieur!

— A qui se fier désormais! Contez-moi cela, monsieur, et, si je dois perdre encore une illusion, que cette perte, au moins, tourne au profit de mon instruction.

— Moi aussi, monsieur, j'ai été longtemps abusé sur les mérites de Munito; mais un beau jour mes yeux se sont dessillés, et la vérité m'est apparue. J'avais tout découvert. Comme ma chienne Bianca, — qu'elle me pardonne ce rapprochement, — Munito se plaçait dans un cercle formé de cartons sur lesquels étaient tracés, soit des lettres, soit des chiffres, ou peints de couleurs différentes. Munito, qui, j'en conviens, ne manquait pas d'un certain esprit naturel, avait en outre l'ouïe d'une délicatesse exquise. Bien dirigé, il eût fait un sujet remarquable, mais son maitre, un Italien, aima mieux exploiter en lui sa finesse d'ouïe que de diriger son instruction suivant les lois de la méthode.

— Munito n'était pas classique. Était-il du moins romantique?

— Non. Tout son talent consistait à obéir à un signal de son maître. Munito se promenait gravement avec des airs d'académicien autour de la table; mais incapable de lire ni de distinguer les couleurs, il ne s'arrêtait pour saisir les cartons que quand son compère l'avait averti. La main cachée dans le gousset du pantalon, le maître de Munito faisait claquer son ongle, quelquefois un cure-dent, et ce bruit si léger, inappréciable pour tous les assistants, était saisi par le chien qui jouait son rôle de savant et recevait à l'instant le prix de cette coupable comédie. Une petite boulette de pain et de viande hachée lui était offerte sous le nom de bonbon. De semblables jongleries méritent les flétrissures de l'histoire, et, si je me montre aussi sévère pour Munito, c'est qu'il n'est plus et qu'on doit la vérité aux morts.

Comprenant après cette explication dont j'ai pu modifier la forme, mais dont j'ai respecté le fond, tout le parti que je pouvais tirer pour la satisfaction de ma curiosité des communications du maître de mademoiselle Bianca, je le priai de me donner un aperçu des études suivies par son élève.

— Monsieur, me dit-il, on procède envers les animaux qu'on veut instruire comme on procède envers les hommes, du connu à l'inconnu. Il est un

l ivre que je sais par cœur, parce qu'il est pour moi
l a loi et les prophètes, c'est le traité de M. Emile de
Tarade, professeur de physiologie comparée sur l'é-
ducation du chien. J'ai suivi à la lettre la méthode
indiquée par cet auteur, et il n'en est point de meilleure. Avant toute autre chose, il faut se faire aimer
de l'animal dont on veut développer l'intelligence, et
non point s'en faire craindre, comme trop de personnes sont disposées à le croire. La brute s'abrutit par
les coups, tandis qu'on est surpris des progrès de son
intelligence quand on se montre envers elle doux et
patient. N'en est-il pas de même vis-à-vis des enfants,
particulièrement de ceux dont l'esprit est peu développé; plus vous les rudoyez, plus vous les rendez
stupides.

La bonne volonté du chien n'a d'égale, le plus souvent, que son envie de vous plaire. Dès qu'il a compris ce que vous exigez de lui, il obéit. Pourtant, et
comme rien ne se montre parfait en ce bas monde,
pas même le chien; quoiqu'il soit, d'après Charlet, ce
qu'il y a de meilleur chez l'homme, il arrive que votre élève, mal disposé, *fait semblant* de ne pas vous
comprendre pour ne pas se donner la peine de vous
obéir. Corrigez-le alors. Mais comme Michelet voudrait qu'on corrigeât une épouse infidèle, en lui faisant de gros yeux et en le frappant légèrement avec
une rose.

— Sans épines?

— Sans épines. Une chiquenaude sur le nez de l'a-
nimal rebelle à vos leçons est la meilleurs punition

corporelle en pareil cas. La bête qui, croyez-le bien, a une conscience très nette de ses actes et sait apprécier votre modération, revient aussitôt à de meilleurs sentiments et se fait pardonner en redoublant de zèle.

Les commencements de l'instruction du chien sont difficiles, et il faut de la part de l'instructeur une patience à toute épreuve. Mais, après vingt-cinq jours de leçons, suivant les règles d'une méthode rationnelle, on est surpris des progrès de l'animal et de son intelligence, qui dépasse de beaucoup les limites qu'on lui assigne généralement.

Je fais grâce au lecteur des moyens souvent fort ingénieux que le maître de mademoiselle Bianca me dit avoir employés auprès de son élève. Le professeur travaille en ce moment à l'éducation d'un autre caniche, écolier de la plus belle espérance, et d'un chien de berger qu'il dresse à jouer un rôle dans un drame pastoral.

— Votre caniche est-il déjà avancé ? demandai-je à ce curieux maître d'école.

— Il connaît toutes ses lettres et commence à épeler.

— En vérité! Et comment le faites-vous épeler?

— Comme on fait épeler *tout le monde*, me répondit-il. Voyez plutôt.

Et il tira de sa poche un syllabaire à l'usage des écoles primaires; l'élève prit sa leçon devant moi. Des cartons sur lesquels étaient tracées toutes les lettres de l'alphabet furent mis autour d'une table, et le chien en occupa le centre. Le maître, muni de son syllabaire,

Le terrier fraternise avec les chevaux, chasse les rats et monte avec le cocher sur le siège de la voiture.

indiquait du doigt une lettre au hasard, et le chien après l'avoir regardée, allait chercher la même lettre parmi les cartons. Puis vinrent les exercices syllabiques. *Ba, ba,* disait le maître. Et l'animal composait avec les cartons la syllabe énoncée. Quelquefois il se trompait, et le professeur le reprenait avec douceur, comme on reprend un enfant.

— Un chien, ajouta-t-il, doit, pour mériter le titre de savant, non seulement savoir lire, dans une certaine mesure, ce qui équivaut chez l'animal à savoir comparer, mais encore distinguer les couleurs, connaître les chiffres, les cartes à jouer, un certain nombre de substantifs, et être fixé sur la valeur des prépositions dessus, dessous, devant, derrière, etc., etc. Voilà pour l'agrément. Si vous voulez, suivant le précepte d'Horace, y joindre l'utile et faire de votre chien un domestique, rien ne sera plus aisé, son intelligence étant cultivée. Vous n'avez qu'à lui apprendre le nom de vos amis et leur demeure, à connaître le boulanger, le boucher, l'épicier, le fruitier, de manière à ce qu'il puisse faire vos commissions. Là s'arrêtent les facultés intellectuelles du chien qui, après l'orang-outang et le chimpanzé, est de tous les animaux le plus intelligent.

Voilà ce que j'ai vu et entendu, et j'avoue que ma visite chez mademoiselle Bianca a été pour moi une excellente leçon de philosophie.

Il est inconcevable que, devant de semblables preuves d'intelligence données par le chien, dont chacun a pu être à même d'étudier les aptitudes, un esprit de la trempe de Descartes ait osé refuser aux animaux un degré quelconque d'intelligence pour en faire de simples machines vivantes. Cette théorie du *pur automatisme* des bêtes exposée dans le *Discours sur la méthode*, fit merveille : « On commençait, dit M. Flourens, à se lasser des vieilles querelles sur Aristote. Il fallait à la dispute, ce besoin éternel des écoles, des sujets nouveaux. »

Ajoutons que la métaphysique de Descartes avait surtout pour but de venir en aide au spiritualisme chrétien. Il fallait donner, en dépit des faits et du sens commun, satisfaction à cette opinion singulièrement orgueilleuse que tout a été créé par Dieu pour l'usage et l'agrément exclusif de l'homme; tout : bêtes et choses, la lune, le soleil et le firmament, par dessus le marché. L'homme seul devait avoir une âme, c'est-à-dire la pensée, et en cette qualité dominer sur tous les êtres de la création, ses très humbles esclaves.

C'est fort bien assurément, mais puisque tous les animaux ont été créés uniquement pour servir à l'agrément ou à l'utilité de l'homme, comment ne pas s'étonner, quand on voit sur les bords du Nil, par exemple, les crocodiles avaler leur seigneur et maître toutes les fois qu'ils en trouvent l'occasion? Dans ce cas, il me semble, sauf meilleur avis, que l'agrément et l'utilité que l'avalé retire de celui qui l'avale sont médiocres.

Il n'est que trop évident que, lorsqu'un crocodile, un requin, un tigre, un lion, un ours, un loup dévorent un homme, c'est l'homme qui, en cette circonstance, est fait pour la bête, et non celle-ci pour celui-là.

Personne aujourd'hui ne croit plus que les animaux sont de pures machines dénuées de connaissance et de sentiment. Déjà même, au temps de Descartes, cette théorie qu'on peut appeler immorale, car elle justifie les mauvais traitements exercés envers les animaux domestiques qui nous sont les plus utiles et les plus dévoués, était victorieusement combattue par des écrivains en grand nombre.

La plupart de ces livres, dit M. Flourens, méritent d'être lus. Une certaine force philosophique règne dans celui du P. Pardies, dans celui de Borellier ; il y a de l'esprit dans celui du P. Daniel ; celui du P. Boujeaut, qui veut que les bêtes ne soient que des diables, et qui explique par là comment elles pensent, connaissent et sentent, est un badinage ingénieux.

C'est le contre-poids le plus formel et la critique la plus fine de l'opinion de Descartes. Descartes refuse aux bêtes tout esprit ; le P. Boujeaut leur en trouve tant, qu'il veut que ce soient des diables qui le leur fournissent.

Il ne faudrait pas s'y tromper ; jusqu'à ce que la philosophie eut éclairé les esprits troublés par la superstition, la croyance aux contrats infernaux était universelle et le diable, en ce temps-là, prenait souvent la forme d'une bête.

C'est bien si je ne me trompe, sous les traits d'un chat noir que le démon se glissa, en l'année 1613, dans le couvent des Brigittides (de Lille), fondé par Nicolas de Montmorency. Les religieuses prirent en horreur la confession, nous disent les chroniques du temps, et se livrèrent à la colère et au désespoir. Toutes languissaient dans l'intérieur du cloître.

Deux bons pères se mirent en devoir d'exorciser les religieuses. La lutte fut longue entre le pouvoir divin et Belzébuth. Une d'elles, Simonne Dourlet, impatientée de voir la victoire indécise, prit le parti héroïque de se sauver à Valenciennes, où elle épousa en cachette un jeune homme de Lille. Mais, tombée entre les mains du père Dooms, un redoutable dominicain, elle fut mise à la question ; on lui disloqua les membres et on finit par la brûler.

Après Descartes, qui fait des animaux de purs automates, vient Buffon, qui en fait des *automates mixtes.* « J'accorde tout aux animaux, dit-il, à l'exception de la pensée et de la réflexion : ils ont le sentiment, ils l'ont même à un plus haut degré que nous ne l'avons ; ils ont aussi la conscience de leur existence actuelle, mais ils n'ont pas celle de leur existence passée : ils ont des sensations, mais il leur manque la faculté de les comparer, c'est-à-dire la puissance qui produit les idées; car les idées ne sont que des sensations comparées, ou, pour mieux dire, des associations de sensations. »

On ne saurait, en si peu de lignes, se montrer moins observateur et moins logique.

Comment, en effet, concilier chez un animal la conscience de son existence actuelle avec l'absence de pen-

sée ? Peut-on discerner quoi que ce soit sans penser ?
D'un autre côté, qui n'a vu des chiens montrer
de l'hésitation ? Hésiter n'est-ce pas comparer, peser
les avantages et les inconvénients des choses, en un
mot réfléchir ? N'est-il pas de toute évidence qu'en
dehors des mouvements instinctifs, un animal ne saurait agir s'il n'est mû par une idée.

Voilà deux chiens cités par M. de Tarade, Braque
et Philax, appartenant à M. Léonard, inspecteur des
douanes. On disait à l'un : « Va te placer près de la
dame en rose. » Le chien allait trouver cette dame,
dirigé par la couleur de sa robe. « Demande à cette
dame son dé. » La dame offrait successivement au
chien son mouchoir, ses gants, un étui, etc. ; l'animal ne bougeait pas. On lui présentait enfin le dé, et
le chien le prenait, etc. Chacun des deux chiens savait
jouer aux dominos. Si l'animal avait dans son jeu (on
ne lui donnait que quatre dominos à la fois) un do-
mino qui s'assortit avec celui que vous veniez de placer, il ne manquait pas de le prendre et de le mettre
du côté convenable. S'il boudait, on l'entendait aussitôt gémir d'une manière risible. Notez, ajoute M. de
Tarade, que ces diverses opérations s'obtenaient très
bien de ces animaux loin de leurs maîtres.

Oserait-on, après de pareils exemples, se montrer
assez absurde pour soutenir que ces chiens agissaient
sans penser ? Cela reviendrait à dire que les caniches
jouent aux dominos instinctivement.

Voltaire, ce grand redresseur des travers de notre
esprit, parle quelque part de l'âme des bêtes, et en

cette circonstance, comme toujours, il donne à tous les faiseurs de systèmes une excellente leçon de bon sens. Écoutons ce maître en esprit et en raison :

« Avant l'étrange système qui suppose les animaux de pures machines sans aucune sensation, les hommes n'avaient jamais imaginé dans les bêtes une âme immatérielle, et personne n'avait poussé la témérité jusqu'à dire qu'une huitre possède une âme spirituelle. Tout le monde s'accordait paisiblement à convenir que les bêtes avaient reçu de Dieu du sentiment, de la mémoire, des idées, et non pas un esprit pur. Personne n'avait abusé de raisonner au point de dire que la nature a donné aux bêtes tous les organes du sentiment pour qu'elles n'eussent point de sentiment. Personne n'avait dit qu'elles crient et qu'elles fuient quand on les poursuit, sans éprouver ni douleur ni crainte.

«... Pour répondre à la chimère de Descartes, je ne sais quels prétendus philosophes se jetèrent dans la chimère opposée ; ils donnèrent libéralement de l'esprit aux crapauds et aux insectes ; *in vitium ducit culpæ fuga.*

« Entre ces deux folies, l'une qui ôte le sentiment aux organes du sentiment, l'autre qui loge un pur esprit dans une punaise, on imagina un milieu : c'est l'instinct ; et qu'est-ce que l'instinct ? Oh ! oh ! c'est une forme substantielle ; c'est une forme plastique ; c'est un je ne sais quoi ; c'est de l'instinct. Je serai de votre avis tant que vous appellerez la plupart des choses : *je ne sais quoi* ; tant que votre philosophie commencera et finira par *je ne sais*; mais quand vous affirmez, je vous dirai avec Prior, dans son poëme sur la vanité du monde :

> Osez-vous assigner, pédants insupportables,
> Une cause diverse à des effets semblables ?
> Avez-vous mesuré cette mince cloison
> Qui semble séparer l'instinct de la raison ?
> Vous êtes mal pourvus et de l'un et de l'autre,
> Aveugles insensés, quelle audace est la vôtre !
> L'orgueil est votre instinct. Conduirez-vous nos pas
> Dans ces chemins glissants que vous ne voyez pas?

La *mince cloison* qui séparait l'instinct de la raison au temps de Voltaire et de Prior, la physiologie moderne l'a renversée, et les *chemins glissants* sont devenus des chemins explorés et sûrs. On comprend parfaitement que Voltaire, qui ne se payait pas de mots, se soit moqué de ceux-ci : *forme substantielle* et *forme plastique*, au moyen desquels on voulait lui prouver la différence existante entre l'instinct et la raison. Des expériences ont remplacé les définitions, et la preuve s'est faite claire pour tous.

L'instinct et l'intelligence sont deux facultés parfaitement distinctes, mais que les naturalistes ont souvent confondues entre elles. De là les contradictions des philosophes sur l'esprit des bêtes.

Dans son *Traité des animaux*, dirigé principalement contre Buffon, Condillac, cet esprit si lumineux et si sûr, nous dit l'auteur de *L'instinct et de l'intelligence des animaux*, se montre sous deux aspects différents :

admirable de clarté et de précision tant qu'il ne s'agit que des opérations intellectuelles des bêtes, subtil, embarrassé, confus, dès qu'il s'agit de leurs *opérations instinctives*.

Buffon convient, comme nous l'avons vu, que les animaux sentent. Condillac n'a pas de peine à lui prouver que, si les bêtes sentent, elles sentent comme nous sentons. Les bêtes sentent et l'homme sent, ceci doit s'entendre de la même manière, ou *sentir*, lorsqu'il est dit des bêtes, est un mot auquel on n'attache point d'idée ; mais dès que ce philosophe veut traiter de l'instinct qu'il définit *l'intelligence par l'habitude*, il perd tous ses avantages.

G. Leroy n'observe pas mieux que Condillac lorsqu'il croit que « l'instinct des animaux s'élève jusqu'à l'intelligence par l'action répétée de la sensation et l'exercice de la mémoire. » Il va jusqu'à dire, pour soutenir son système, que les voyages des oiseaux « sont le fruit d'une instruction qui se perpétue de race en race. » Non, les voyages des oiseaux ne sont que l'effet de l'instinct chez eux. Voulez-vous une preuve d'intelligence chez l'animal ? Voici :

Cuvier fit un jour semblant de monter à un arbre où un jeune orang-outang qu'il étudiait au jardin des plantes se tenait juché.

Que fit le singe ? Il se mit à secouer l'arbre de toutes ses forces pour effrayer celui qui venait ainsi le troubler.

Cuvier s'éloigna.

L'orang-outang cessa de remuer l'arbre.

Cuvier se rapprocha de l'arbre, le singe recommença son manège.

« De quelque manière, dit Cuvier, que l'on envisage cette action, il ne sera guère possible de n'y pas voir le résultat d'une combinaison d'idées, et de ne pas reconnaître dans l'animal qui en est capable la faculté de généraliser. En effet, l'orang-outang concluait évidemment de lui aux autres : plus d'une fois l'agitation violente des corps sur lesquels il s'était trouvé placé l'avait effrayé ; il concluait donc de la crainte qu'il avait éprouvée à la crainte qu'éprouveraient les autres, ou, en d'autres termes, d'une circonstance particulière il se faisait une règle générale. »

Que nous voilà loin du *pur automatisme* cartésien !

Mais aucun physiologiste, suivant nous, n'a aussi bien que M. Flourens déterminé la limite qui sépare l'intelligence de l'homme de celle des animaux, en assignant à l'instinct son véritable caractère.

« Tout dans l'instinct, dit-il, est aveugle, nécessaire, invariable ; tout dans l'intelligence est électif, conditionnel, modifiable. Tout ce que l'animal fait par instinct, il le fait *sans l'avoir appris*. Qui apprend au ver à soie à faire son cocon ? Il n'a point vu ses parents. Une génération ne voit pas l'autre. Qui apprend à l'araignée à tisser sa toile ? Pourquoi fait-elle bien du premier coup ? Pourquoi fait-elle toujours bien ? Pourquoi ne peut-elle faire mal ? Qui a appris à l'enfant nouveau-né à chercher le sein de sa mère et à téter ? »

Voilà pour l'instinct de la bête et de l'homme.

Passant à l'intelligence des animaux, nous avons cité déjà ce passage à propos de la vivisection, mais il trouve ici de nouveau sa place, — M. Flourens nous dit :

« Les animaux reçoivent par leurs sens des impressions semblables à celles que nous recevons par les nôtres ; ils conservent comme nous la trace de ces impressions ; ces impressions conservées forment pour eux comme pour nous des associations nombreuses et variées ; ils les combinent, ils en tirent des rapports, ils en déduisent des jugements ; ils ont donc de l'intelligence. Mais cette intelligence ne se considère pas elle-même, ne se voit pas, ne se connaît pas. Ils n'ont pas la *réflexion*, cette faculté suprême qu'a l'esprit de l'homme de se replier sur lui-même et d'étudier l'esprit. La réflexion ainsi définie est donc la limite qui sépare l'intelligence de l'homme de celle de l'animal... C'est là, si l'on peut ainsi dire, le monde purement intellectuel, et ce monde n'appartient qu'à l'homme. »

Soit. Nous admettons, c'est évident, qu'une ligne profonde de démarcation sépare, sous le rapport de l'intelligence, l'homme de la bête. Il y a peut-être, à ne considérer que le mécanisme de l'esprit, entre le plus intelligent des animaux et le plus stupide des hommes, la différence qui existe entre une morue et un chimpanzé ; mais ne soyons pas trop orgueilleux de cette différence.

Si la nature, dans l'échelle de l'animalité, nous a placés, spirituellement parlant, — nous, Européens, au-dessus des nègres de l'Afrique, ceux-ci au-dessus des aborigènes de la Polynésie, petits, ventrus, aux bras disproportionnellement allongés, et si bornés dans leur pensée que leur langue n'a que quatre-vingts mots, les Polynésiens au-dessus des orangs-outangs, les orangs-outangs au-dessus des chiens, les chiens au-dessus de tous les autres mammifères, les mammifères au-dessus des oiseaux, les oiseaux au-dessus des poissons, etc., etc., jusqu'aux matières animales les moins organisées, — n'oublions pas que la raison humaine est impuissante à expliquer la presque totalité des effets que nous voyons se produire, et qu'elle ne sait absolument rien d'aucune cause première. Disons avec la philosophie du bon sens que nous n'avons pas le moindre degré où nous puissions poser le pied pour arriver à la plus légère connaissance de ce qui nous fait vivre et de ce qui nous fait penser.

Comment en aurions-nous?

Il faudrait avoir vu la vie et la pensée entrer dans un corps.

Quelqu'un a-t-il jamais pu deviner comment il agit, comment il veille et comment il dort?

Quelqu'un sait-il comment ses membres obéissent à sa volonté?

Quelqu'un a-t-il découvert par quel art des idées se tracent dans son cerveau et en sortent à son commandement?

Faibles automates mûs par la main invisible qui nous dirige sur la scène du monde, qui de nous a pu apercevoir le fil qui nous conduit?

Descartes, génie métaphysique puissant, mais nécessairement obscur souvent, et souvent en contradiction avec lui-même, écrit à la princesse palatine Elisabeth :

« Je confesse que par la seule raison naturelle nous pouvons faire beaucoup de conjectures sur l'âme et avoir de flatteuses espérances, mais non pas aucune assurance. »

Les Pères des premiers siècles de l'Eglise, tout en croyant que l'âme est immortelle, la croyaient en même temps matérielle. Saint Irénée dit que *l'âme conserve la figure du corps afin qu'on la reconnaisse.* Tertullien l'assure : *Corporalitas animæ in ipso evangelio relucescit.* Saint Hilaire avance que : *Il n'est rien de créé qui ne soit corporel, ni dans le ciel ni sur la terre, ni parmi les visibles ni parmi les invisibles : tout est formé d'éléments ; et les âmes, soit qu'elles habitent un corps, soit qu'elles en sortent, ont toujours une substance corporelle.* De son côté, saint Ambroise dit formellement : « Nous ne connaissons rien d'immatériel, excepté la seule vénérable Trinité. » L'église ayant décidé que l'âme est immatérielle, il faut le croire. Mais si de grands saints se sont trompés sur la nature de l'âme, combien est excusable le philosophe anglais lorsque ses méditations s'arrêtant sur le sujet difficile de la cause de nos pensées, il dit : « Nous ne serons peut-être jamais capables de connaître si un être matériel pense ou non, par la raison qu'il nous est impossible de découvrir par la contemplation de nos propres idées, *sans révélation,* si

Dieu n'a point donné à quelque amas de matière, disposé comme il le trouve à propos, la puissance d'apercevoir et de penser, ou s'il a joint et uni à la matière ainsi disposée une substance immatérielle qui pense. Car, par rapport à nos notions, il ne nous est pas plus malaisé que Dieu peut, s'il lui plaît, ajouter à notre idée de la matière la faculté de penser; puisque nous ignorons en quoi consiste la pensée, et à quelle espèce de substance cet être tout-puissant a trouvé à propos d'accorder cette puissance qui ne saurait être créée qu'en vertu du bon plaisir et de la bonté du Créateur. Je ne vois pas quelle contradiction il y a que Dieu, cet être pensant éternel et tout-puissant, donne, s'il le veut, quelques degrés de sentiment, de perception et de pensée, à certains amas de matière créée et insensible qu'il joint ensemble comme il le trouve à propos. »

Concluons :

Entre ce que notre raison nous permet de comprendre, et ce que sa faiblesse nous défend d'observer et même, très probablement, de soupçonner à un degré quelconque, la distance est infinie.

Disons aussi que de l'intelligence de l'homme est né le crime.

L'homme seul sur la terre est criminel, puisqu'il est le seul animal *libre*, c'est-à-dire agissant suivant les lois de sa conscience.

C'est beau, l'intelligence, mais entre un homme qui *réfléchit* la nuit, dans ma maison, au moyen de m'assassiner pour me voler, et mon chien qui, par ins-

tinct, se précipite sur le malfaiteur, j'avoue très humblement donner la préférence au chien.

Et puisque nous voilà revenu au point de départ de ce chapitre, disons quelques mots d'un chien très connu au Havre, auquel, m'a-t-on dit, on a donné le nom de *La Flotte*.

La Flotte est un petit chien brun, sans race aucune et très négligé dans sa mise, c'est-à-dire poussiéreux en été, crotté en hiver. Mais si La Flotte n'est pas beau et s'il ne prend pas assez soin de sa personne, il rachète ces défauts par une intelligence pratique de la vie que bien des hommes pourraient lui envier. Son histoire est courte, mais elle apporte avec elle son enseignement.

Un jour La Flotte qui n'avait encore aucun nom et qui se perdait, — génie méconnu et se méconnaissant lui-même — dans la foule des chiens errants qu'on voit cherchant fortune sous la tente du bassin de l'Eure où se tiennent à quai les paquebots de la compagnie transatlantique eut l'idée de grimper à bord d'un vapeur de la ligne du Havre à New-York. Le steamer allait partir. Quand son visiteur à quatre pattes sentant que le navire bougeait voulut débarquer, il n'était plus temps; la passerelle avait été enlevée. La Flotte, philosophe d'esprit aventureux, prit son parti en brave et alla se faire reconnaître comme passager de hasard dans le poste de l'équipage. Les marins qu'on s'imagine volontiers rudes et intraitables, sont généralement fort doux et très compatissants. Personne de l'équipage ne songea à maltraiter la pauvre bête, tous le caressèrent, au contraire, et il fut mieux nourri à bord qu'il ne l'avait jamais été à terre.

La Flotte avait la patte marine, il marchait solidement au roulis comme au tangage et il n'eut pas une seconde le mal de mer. Mais quoique bon marin, il était prudent. Il y eut pendant cette traversée un coup de vent qui dura trois jours. La mer embarquait furieusement et le steamer subit quelques légères avaries. Durant ces trois jours La Flotte ne bougea pas de chez lui, un petit coin du poste de l'équipage qui lui servait de cabine ; il mangeait là ce qu'on lui apportait et on ne l'oubliait pas. Mais dès que le temps revint au beau on vit La Flotte remonter sur le pont et faire son quart.

En arrivant à New-York le premier débarqué et quand la passerelle était à peine posée, ce fut le chien. On ne le revit plus et on le croyait perdu quand, huit jours après le bâtiment étant en partance, on ne fut pas peu surpris de revoir La Flotte qui, résolument monta à bord ; il était temps, on allait enlever la passerelle. Le chien alla droit au poste de l'équipage prendre possession de sa cabine. Quand on l'interrogeait pour savoir où il avait passé les huit jours de station dans cette grande ville de New-York qu'il visitait pour la première fois, La Flotte faisait briller ses yeux, remuait joyeusement sa queue et aboyait bruyamment. Certainement il répondait à la question qu'on lui avait faite, mais personne ne comprenait ce qu'il voulait dire.

En arrivant au Havre, La Flotte qui avait flairé la

terre natale vingt-quatre heures avant la vue d'aucun phare, se tenait sur le pont, courant d'un bord à l'autre, grimpant partout pour voir la jetée, aboyant pour saluer le retour dans sa patrie. Il guettait la passerelle. Elle n'était pas encore posée que La Flotte était déjà débarqué.

Il aurait pu comme tant d'autres se mêler aux chiens qui flânaient sous la tente et les ébahir de ses histoires de l'autre monde; il n'en fut rien, La Flotte partit au galop dans les rues de la ville, comme s'il avait une mission pressée à remplir.

Où alla-t-il? Cette fois encore personne ne le sut, et on l'avait oublié à bord, quand un autre steamer de la ligne du Havre à New-York reçut la visite du chien. Il fut accueilli par l'équipage de ce navire comme il l'avait été par l'équipage du premier paquebot. C'en était fait, La Flotte suivait une carrière, il s'était fait marin, comme d'autres de ses pareils se font soldats en suivant les armées, artistes en s'enrôlant dans des troupes d'acteurs nomades.

Le curieux de l'histoire de La Flotte le voici : Il est toujours le premier débarqué et le dernier embarqué soit à New-York soit au Havre; il n'a point de paquebot attitré et s'embarque sur le premier qui part après son arrivée au Havre ou à New-York. Comme il y a tous les huit jours un steamer de la compagnie transatlantique pour desservir cette ligne, La Flotte ne reste jamais que huit jours à terre. C'est un véritable chien de mer qui récréé l'équipage, mais ne fraie pas avec les passagers. Chacun son rang et La Flotte sait fort bien qu'il fait partie du bord.

Comment cet intelligent animal reconnaît-il que c'est tel paquebot plutôt que tel autre qui est sous vapeur et va partir? A cette question il est facile de répondre : il a observé les manœuvres, il a vu charger le navire, embarquer les passagers, il a entendu les sifflets de la vapeur, et de ces observations il en a tiré un jugement qui ne se trompe point.

La Flotte ne doit qu'à lui-même la position qu'il s'est faite à bord des transtlantiques. A cette heure il a des états de service qui lui créent comme des droits et garantissent son avenir. Que d'hommes n'en peuvent pas dire autant !

Terminons par un chiffre intéressant. On a calculé que Paris renferme environ deux cent mille chiens. Cette meute formidable est soumise à un impôt annuel de cinq francs par chien de garde et de dix francs par chien d'agrément. Quels sont les droits accordés à ces contribuables? C'est d'être ramassés et conduits à la fourrière ou chez les savants vivisecteurs quand ils sont égarés dans les rues ou abandonnés par leurs maîtres. Ah! si les chiens pouvaient parler, plaider et surtout voter, il en serait autrement.

VI

LE CHAT

Après le chien, le chat occupe incontestablement le
rang le plus distingué dans la grande famille des animaux domestiques. Mais entre le chien et le chat, si
peu faits pour se comprendre, néanmoins condamnés
par leur destinée à vivre sous le même toit, côte à
côte, il y a tout un monde moral le plus souvent. Le
chien tout en étant notre ami est notre esclave, le chat
est notre hôte. Nous lui appartenons tout autant au
moins qu'il nous appartient. Quoique très intelligent
il résiste à nos caprices, se révolte à tout commandement, et préférerait la mort à la perte de son in-
dépendance. Quoi qu'on fasse, il reste absolument
dans sa nature et c'est là sa dignité. Tout ce que le
chat consent à faire, c'est de souffrir nos caresses. Je
parle du sexe masculin, car les chattes naturellement
chattes sont câlines et provocantes.

L'histoire est pleine de récits de chats. Les qualités

morales et physiques de ce tigre de salon en avaient fait chez les anciens Égyptiens l'emblème de la propreté, de la décence et de la gravité. Au point de vue religieux il avait aussi droit au respect, parce qu'Isis en fuite, avait pris la forme du chat. Ce sont des chats qui, dans les Eddas, sont représentés formant l'attelage de Fregu, la Vénus guerrière des Scandinaves. En Suisse, le chat personnifie la liberté nationale. C'est de la gloire. Je trouve alignés sous la plume maîtresse d'Ernest d'Hervilly, tout un régiment de chats illustres à divers titres. Que puis-je mieux faire que de céder pour un moment la parole à d'Hervilly?

Parmi les chats illustres, les maîtres chats, on doit placer à côté du *Chat Murr*, d'Hoffmann, et du *Chat noir*, d'Edgard Poë, — ces deux créations étranges qu'on ne saurait trop relire, — le *Chat botté* de cet excellent Perrault, qui m'a tant réjoui dans mon enfance, et qui m'amuse encore avec ses bottes vernies.

Salut à ce Bastien des chats!

Les chats de Richelieu, ces bons petits tigres amis des souffrances de la souris, ne doivent pas être oubliés, non plus que ceux de Mahomet, le chamelier pensif et doux, né sous les palmes.

En passant à des noms beaucoup moins historiques, beaucoup moins écrits à l'encre rouge, mais qui me sont infiniment plus chers, les chats admirables d'embonpoint et de fourrure de Théophile Gautier, et les matous énormes et intelligents de Champfleury, méritent de passer à la postérité.

Malheureusement j'ignore leurs noms distingués.

Tout en fermant les yeux, les chats sont observateurs.

Dans les chats amusants, enfants de la balle, nous comptons l'immortel chat de Polichinelle, spectateur paisible des *rossades* sans nombre du commissaire et du diable, et qui se tient presque toujours endormi sous le bras sinistre de la potence.

Le chat que le père Lustucru, cet infâme ravisseur, a dérobé à cette infortunée mère Michel, une de nos bonnes amies d'enfance, a bien son mérite aussi ; qu'en dites-vous ?

Et ces fameux chats qui, pendant la tragédie de madame de Girardin : « *Judith* », traversèrent la scène du Théâtre-Français, juste au moment où l'on parlait « des *tigres* qui *désolaient* la campagne de Béthulie », ne vous les rappelez-vous pas, ô mes aînés, nos maîtres de 1830 ?

Un autre chat qui sert d'enseigne et qui jouit d'une réputation européenne, c'est le *Chat noir* de la rue des Lombards, dont les dragées font pâlir le *Fidèle Berger*.

Je pense bien que je n'ai pas besoin de nommer Raton, collaborateur de Bertrand en maintes affaires véreuses, et je suis persuadé que Raminagrobis, un saint homme de chat, un chat faisant de la chatternité, vous est encore présent à la mémoire.

Grippeminaud, ce bon apôtre, et Rodilard me prient de les rappeler à votre souvenir.

Dois-je maintenant vous rappeler le sort malheureux des chats qu'une coutume barbare condamnait à mourir dans les brasiers de la Saint-Jean ?

Dois-je vous rappeler que la Turquie est la patrie des

angoras (les gens bien élevés disent *angolas !!*), et que la race primitive était blanche !

Dois-je vous parler du chat auquel mademoiselle Dupuy, en 1770, laissa, par devant notaire, une assez jolie fortune à croquer ?

Le chat « Béelzébuth », *sans oreilles et sans queue*, un des héros du *Capitaine Fracasse*, ne vous a-t-il pas ému par sa tendresse, avec son vieux nez qui ressemble à une truffe humide ? Dans *Macbeth*, *Puss. Til*, *Grimal*, *Kin*, ces chats de sorcières, sorciers eux-mêmes, sont des modèles que les tireuses de cartes de Paris tâchent d'imiter.

— Mais, voyez-vous, en fait de bonne aventure, le chat ne va plus ; tel est le discours d'une pythonisse que j'ai vue hier.

Le chat de gouttière est célèbre ; les casseroles ont aussi leur airain ! comme dit Monselet, et, ma foi, la gibelotte et le civet ne respectent rien.

En Angleterre, le chat du lord-maire *Willington*, le triomphe de la conduite et de la vertu, est chanté dans diverses complaintes.

Le *chat-à-neuf-queues* — autre genre de célébrité — est, hélas ! l'instrument de punition des soldats anglais.

Si je ne voulais faire court, je pourrais aller de côté et d'autre, dans l'histoire des chats, et prendre soit la *Chatte blanche*, dont les auteurs féeriques se sont emparés et le *Chat qui écrit si mal*, si mal, vous savez ?

Grisélidis et Minette me font les yeux doux, mais l'espace m'est limité.

Adieu, mes amis, adieu, chats des ministères et chats de la banque, si utiles et si bien nourris; adieu, chat que Watteau a peint dans les bras d'un médecin qui lui tâte le pouls; adieux, chats de Granville, si bien étudiés, si vrais!

Adieu enfin, chat d'Arras, noble chat qu'une estampe représente porteur d'une épée immense, la fraise au col, entouré de rats qui dansent, avec cette légende:

> Quand les Français prendront Arras
> Les souris mangeront les chats.

Ernest d'Hervilly dans cette brillante et trop courte revue des chats célèbres n'a fait que toucher du bout de la plume aux chats de Richelieu et a passé sous silence le chat du pape Léon XII.

On se souvient que sollicité de demander pour Moncrif l'auteur de l'*Histoire des chats* une place d'historiographe du roi, il fit justice d'une prétention aussi peu fondée par ces seuls mots: « Historiographe!.. Vous voulez dire historiogriffe! »

Les chats de Richelieu sont connus. Mais connaissez-vous le gros matou couleur gris roux à bandes noires transversales né au Vatican et qui fut élevé par ce saint père? Il jouait avec sa mule sacrée que tant d'hommes avaient baisée pieusement et Châteaubriand lui consacre une page de ses *Mémoires d'outre-tombe*. On le nommait *Micetto* ou le *chat du pape*. Quand Léon XII mourut, Châteaubriand hérita du chat pontificial qu'il emmena en France et auquel il s'efforçait de faire oublier « l'exil, la chapelle Sixtine et le soleil de cette coupole sur laquelle il se promenait loin de la terre. » A l'infirmerie Marie-Thérèse, l'animal favori du vicaire de Jésus-Christ était fort considéré des âmes dévotes. On ne lui attribua aucun miracle et il mourut comme le plus vulgaire des chats.

Tout en fermant les yeux les chats sont observateurs, et puisque nous avons parlé du chat de Léon XII, racontons, d'après un auteur dont le nom nous échappe en ce moment, un chat monacal dont l'exemple des bons religieux n'avait pas développé les instincts honnêtes. Il avait du génie, mais un malin génie. Ce n'était pas sans une criminelle arrière-pensée qu'il était allé se loger dans un couvent de moines de l'ordre le moins sévère. Il devint gras, cela va sans dire, gras comme un chanoine, ou si vous aimez mieux comme un *chat moine*. Depuis quelque temps le cuisinier du couvent s'apercevait que des portions entières disparaissaient de sa cuisine sans que personne y entrât et comme par enchantement. D'abord il crut à un miracle. Mais la réflexion lui étant venue, il chercha la cause des mystérieux enlèvements. Il était en train de compter ses portions, quand il fut interrompu dans cette besogne par un furieux coup de sonnette. Le cuisinier quitta la cuisine un instant, ne vit personne et constata qu'une portion de gigot venait de lui être enlevée. Le jour suivant on le sonna de nouveau et il constata une nouvelle soustraction. Alors il résolut de faire le guet. Ayant entendu sonner encore, il se cacha et vit le chat (n'était-ce pas plutôt le diable sous les apparences de cet animal)? s'élancer avec grâce sur la table fumante de pièces de rôti, et en enlever une comme un escamoteur enlève une muscade. Le cuisinier connaissait son voleur; mais son complice, celui qui sonnait! Il fit embusquer son aide à une croisée voisine, et celui-ci vit le chat donner un coup de patte sur la sonnette et sauter aussitôt sur les fourneaux.

Les moines voulurent tous constater ce fait, et ils décidèrent que tant d'intelligence devait être récompensée. On laissa Raminagrobis continuer son manège, et le cuisinier en fut quitte pour ajouter une portion aux portions des bons pères.

Le chat est un animal chéri des vieilles filles, la récréation des hommes d'esprit et la bête méprisée de certains prétendus esprits forts qui prennent son instinct de chasseur pour des façons de traître, l'agacement de ses nerfs pour de la malice, et ses jeux avec la souris prisonnière pour un raffinement de cruauté. Ces observateurs par à peu près ne savent pas que des chats se sont attachés avec tant de passion à leurs maitres que, ceux-ci perdus pour eux ils en sont morts de douleur. Mais s'il est d'excellents cœurs de chats qui aiment les hommes, il est des cœurs d'hommes qui le leur rendent bien.

Un jour de premier de l'an, Ingres, l'illustre peintre, étant directeur de l'école française de Rome, avait mis son habit neuf pour aller rendre visite au prince

Les moines voulurent voir ce fait, et ils décidèrent que tant d'intelligence
devait être récompensée.

Borghèse. La calèche était attelée. Le cocher sur son siège attendait.

— Où est mon chat ? demande l'auteur de la *Source*, je veux lui souhaiter la bonne année.

Hélas ! la pauvre bête prise d'une maladie subite avait en quelques heures passé de vie à trépas. Le malheur était arrivé depuis trois jours, et la femme de l'artiste avait voulu le lui cacher. Il fallait pourtant répondre à cette demande formelle.

— Il est malade, dit timidement madame Ingres.

— Malade ! Et qu'a-t-il ?

— Il est très malade.

— Très malade !.. Je veux le voir.

— Il est trop tard.

De grosses larmes roulèrent dans les yeux du peintre et un sanglot s'échappa de sa poitrine. « Mort ! Mort !.. » Il jeta son habit par terre, déchira sa cravate, ne voulut plus aller faire aucune visite et courut s'enfermer dans son atelier. Là il pleura toute la journée son cher Patrocle : c'est ainsi que se nommait le chat.

J'ai parlé plus haut du jeu des chats avec la souris prisonnière.

Je veux à ce sujet vous conter une petite histoire qui s'est passée sous mes yeux, chez moi, et qui m'a prouvé que si les chats sont patients et intelligents à prendre les souris, celles-ci ne sont pas moins patientes ni moins intelligentes pour sortir de leurs griffes quand faire se peut. Cette véridique et dramatique histoire pourrait faire le sujet d'une fable dont on pourrait formuler la moralité en ces termes :

Sans une sage prévoyance
Ne faites rien
Sinon le bien,
Et comptez sur la Providence.
Gardez-vous contre tout danger,
Puis, jusqu'au bout, sachez ne pas désespérer.

J'habite un appartement dans une ancienne maison du faubourg Montmartre. Je m'y trouve bien parce que les chambres y sont vastes, que les plafonds en sont élevés, que l'air y circule librement et que la lumière du jour y pénètre de partout. Combien les maisons construites sur les plans généreux d'autrefois, alors que les architectes taillaient comme en plein drap dans l'espace, valaient mieux, sous le rapport de l'hygiène et sous tous les autres rapports, que nos maisons escargotiques modernes, où l'on voit de si près le plafond des chambres sur son dos, qu'on semble le porter comme l'escargot porte sa coquille. Elles sont, je l'accorde, coquettement ornées et savamment distribuées pour faire, avec peu d'espace, beaucoup de logement ; mais une maison en ville, n'est pas un steamer en mer, et une chambre ne devrait pas être une cabine.

Si les vieilles maisons ont le précieux avantage sur les nouvelles d'être généralement aérées, étant spacieuses, elles ont l'inconvénient des infirmités de l'âge, qui atteignent également les choses et les hommes. Leurs murs s'étant peu à peu affaissés sous le poids des années — comme l'échine des pauvres vieux hommes — il en résulte certaines disjonctions dans

les boiseries, et par ci par là, des crevasses dans la
maçonnerie.

Mais voici, car vraiment Azaïs a raison, ces sortes
d'accidents locatifs qui sont l'objet de plaintes de la
part des locataires et agacent les nerfs des propriétaires,
font le charme et la sécurité de certains petits animaux, dévastateurs effrontés de tout ce qui leur tombe
sous la dent, qu'on appelle souris. Souris qui n'a qu'un
trou est bientôt prise, dit le proverbe. Les petites
rongeuses au pelage cendré, à l'œil plein d'éclair savent
cela, et cherchent les habitations où les trous sont
nombreux. Comme le grand-papa, mais pour d'autres
motifs, elles aiment les anciennes maisons.

Donc, j'eus des souris chez moi. J'en eus un peu
partout, et jusque dans les rideaux de ma salle à
manger. Mes petites-filles s'amusaient beaucoup de
les voir courir comme des ombres et s'arrêter brusquement, pour fixer sur elles un regard scrutateur où
la crainte se mêlait à une certaine confiance acquise
par l'impunité dans laquelle elles vivaient chez moi.
Plus nerveuses que leurs filles, les mamans avaient
peur de ces effrontées qui se seraient volontiers re-
misées dans leurs jambes. Pour éviter leur rencontre,
elles grimpaient sur les chaises en jetant des cris de
femme au bain, qui n'effrayaient que moi.

C'en était trop, il me fallut déclarer la guerre aux
souris !

Sans même leur chercher une querelle d'Allemand,
j'ouvris les hostilités.

J'allai chercher dans l'arsenal d'un quincaillier,

deux souricières toutes neuves que je dressai avec
de la farine pour appât. Je les plaçai : l'une dans ma
bibliothèque, l'autre dans le coin le plus obscur de
ma salle à manger.

Puis, j'attendis.

J'attends encore.

Pas une ne se laissa prendre à ce piège, ingénieuse
invention de l'homme, mais trop grossière pour l'esprit délié d'une souris. Elles s'en amusaient — sans
doute, en se moquant de moi — et surent en profiter
sans courir aucun danger. Je les vis rôder autour des
souricières, passant lestement devant l'entrée, pour
chercher à pénétrer jusqu'à la farine par les interstices
du grillage en fil de laiton. Une fois, je trouvai une
de mes inoffensives souricières, renversée entièrement
et veuve de tout appât.

Voyant qu'à ce jeu, je perdais mon temps et ma
farine, et que les rongeurs se multipliaient extraor-
dinairement dans les délices de Capoue, je pris une
grande résolution : je pris un petit chat.

Ce chat, comme il arrive souvent, était une chatte.
Sans beauté, mais d'humeur enjouée, souple et leste,
elle possédait tous les utiles instincts de sa race. J'en
fis l'expérience en agitant un bout de ficelle que l'animal ne put voir sans la saisir de ses deux pattes.

— Dieu! me dis-je, elle sera bonne pour les souris.

En l'accueillant chez moi, en l'introduisant dans
ma famille, je lui donnai un nom. Oh! pour cela, je
ne fis aucun effort d'imagination; je l'appelai Minette,
comme on appelle Marie, sa domestique, eût-elle

reçu en naissant, les noms de Gabrielle, de Mathilde, d'Angèle, d'Éléonore, de Perpétue ou d'Élisa.

Mes petites-filles prirent d'abord Minette pour une souris gigantesque, et ne s'y fièrent pas.

Mais Minette ayant fait le gros dos et rendu caresses pour caresses en se frottant à tous ceux qui lui faisaient signe d'approcher, toute inquiétude disparut. D'ailleurs, la plus cordiale amitié ne tarde jamais à s'établir dans une maison, entre les enfants et les animaux. Minette fut aimée presque à l'égal de Marceline, la plus grande et la mieux habillée des poupées de la maison.

Bientôt, mes petites-filles eurent l'occasion de constater que Minette n'était point une souris de la grosse espèce, mais l'ennemie née de tous les rats. Quand une souris avait l'imprudence de sortir de son réduit pour savoir le temps qu'il faisait et si les Français étaient toujours gouvernés par les mêmes ministres, Minette aux aguets, fondait sur sa proie avec des bonds de tigre du Bengale, et sa justice était inexorable. Jamais de circonstances atténuantes: la mort pour toutes les souris prises. Quelquefois j'eus envie, m'inspirant du grand exemple donné par M. Jules Grévy, vis-à-vis de messieurs les assassins condamnés à la peine capitale, de commuer l'arrêt en un bannissement perpétuel. Car enfin, me dis-je, une souris est moins coupable de ramasser, pour vivre, les miettes de notre table, que les scélérats de nous égorger pour voler notre porte-monnaie. Mais on me fit observer que, si le président de la République pouvait, dans

son inépuisable clémence (auprès de laquelle celle de
Titus paraît médiocre), sans décourager les jurys des
cours d'assises amender leur verdict, il n'en serait
pas de même à l'égard de Minette. Je ne pouvais,
sans apporter le trouble dans son esprit, lui tirer la
souris de la bouche. Et celle qui me donnait ce sage
avertissement, est une dame fort expérimentée et
très aimable, qui ajouta finement que Minette n'a pas,
pour comprendre les hautes considérations qui mili-
tent en faveur de l'abolition de la peine de mort, la
philosophie de M. Grévy, qu'elle n'a que les instincts
de sa race en désaccord complet avec les théories hu-
manitaires.

Je me rangeai d'autant mieux à cet avis, que je
ne tardai pas à reconnaître que s'il y avait quelque
grandeur de ma part à vouloir agir auprès des souris
condamnées par Minette, comme le premier magistrat
de la République agit auprès des assassins les moins
intéressants, mon appartement deviendrait sous peu,
la Nouvelle-Calédonie de tous les coupables rongeurs,
à mon grand préjudice et sans aucun profit pour le
développement colonial de la France. Je laissai donc
les roses aux rosiers et les souris à Minette.

Mais voici ce qui arriva. Un jour de la semaine dernière, comme je l'ai dit en commençant, me trouvant seul, recueilli dans la lecture d'un journal qui
devait m'éclairer sur ce qui se passe dans le monde,
à moins qu'il ne m'induisit en erreur, j'entendis un
bruit sec derrière la porte. J'accours et je vois Minette qui venait de saisir, pour ainsi dire au vol, une

souris, et jonglait avec. Il faut bien le reconnaître, la nature n'a pas fait les animaux compatissants. S'ils ne sont pas cruels consciemment comme les hommes, ils le sont inconsciemment pour obéir à la loi de conservation qui est en même temps celle de destruction.

Minette, avec la féroce naïveté de son espèce tigre, se plaisait à prolonger l'agonie de sa victime en ne lui faisant physiquement que peu de mal, mais en la tuant de peur. Elle agitait la pauvre petite bête en tous sens, la prenait de sa petite patte droite pour la renvoyer à sa patte gauche, avec l'adresse d'un basque jouant à la paume. La souris en retombant après une passe de ce jeu infernal cherchait à s'échapper et, par un raffinement de malignité, Minette lui laissait faire quelques pas pour ranimer ses forces en lui donnant espoir. Mais ma chatte n'est pas de ces gendarmes qui se laissent enjôler par ses prisonniers et finissent par les perdre de vue. La souris n'avait pas parcouru la distance d'un demi-mètre qu'elle se sentait de nouveau enserrée dans la mâchoire du monstre.

Chercha-t-elle par quelque discours bien senti à persuader Minette de la laisser rejoindre le trou paternel? Lui dit-elle que son absence, — elle est la plus jeune de la famille, — si elle se prolongeait plongerait dans une inquiétude mortelle tous ses bons parents? Fut-elle cette souris dont parle l'immortel fabuliste:

Une jeune souris de peu d'expérience,
Crut fléchir un vieux chat, implorant sa clémence.

Je ne sais. Toujours est-il que Minette continua son œuvre de tourmenteuse avec l'abominable entrain d'un Peau-Rouge des Montagnes Rocheuses de l'Amérique, dansant autour du prisonnier dont il arrachera les cheveux avec le cuir chevelu ; ou d'un Peau-Noir du centre de l'Afrique, qui allume, en chantant le « chant de l'homme rôti », le feu de bois dont il va cuire son pareil, — son oncle, peut-être, — pour le manger entre amis ; ou si l'on aime mieux, le Peau-Blanc des contrées civilisées d'Europe, achevant les blessés sur un champ de bataille, ou faisant griller, dans leurs maisons, à Bazeille, nos malheureux et innocents compatriotes dans l'horrible guerre de 1870.

Minette n'était point une souris de la grosse espèce, mais l'ennemie de tous les rats.

Les instants de la malheureuse souris, toujours sur le point de recevoir le coup de grâce de la dent de la chatte et toujours épargnée, ces instants paraissaient comptés malgré le soin que Minette semblait prendre à le prolonger par pur dilettantisme. La souris venait d'en faire la rude expérience : Minette ne lui laissait l'espoir de vivre que pour jouir plus long-temps de sa mort. Elle eût voulu en finir ; mais elle n'avait ni les moyens de vivre, ni ceux de mourir. Elle désespéra. A sa place vous et moi nous eussions désespéré comme elle, n'est-ce pas ?

Eh bien, vous le savez déjà, nous aurions eu tort.

Ah ! ce n'est point une histoire ordinaire que celle de cette souris, et j'en frémis encore aujourd'hui en vous la contant.

Écoutez, écoutez, comme disent à nos députés dis-traits ou bavards, les huissiers de la Chambre.

Pour exciter les ardeurs aux trois quarts éteintes de la prisonnière si méchamment pelotée, pour rani-mer ses instincts de conservation par la magie de l'es-pérance, Minette en vint, en faisant patte de velours, à lui donner de petits coups qui pouvaient passer pour des caresses. C'est ainsi que dans les comédies de Molière les soubrettes espiègles reçoivent de leurs maîtres, — d'âge un peu mûr, — galants petits souf-flets bien doux sur leur joue blanche et rosée.

Les petits coups de patte de Minette, eurent pour effet de rapprocher la souris d'une porte fermée qui don-nait sur l'escalier. Cette porte, à un certain endroit, était disjointe du sol ; oh ! très peu, on n'y aurait pas pu glisser une pièce de cinq francs en argent. C'est à peine si un peu de jour peut s'y infiltrer. Il est permis toute-fois de supposer que Minette n'avait pas aperçu cette mince ouverture, dans le feu de l'exercice de ses fonc-tions de chatte chasseresse.

Il n'en dut pas être de même de la souris qui ne put apercevoir l'infiltration de la lumière par cette fente providentielle, sans une de ces émotions qui font époque dans la vie d'un rat. Elle dut, en ouvrant à cette lumière ses yeux presque éteints par les souffrances morales qu'elle endurait depuis dix minutes, — une éternité, — éprouver un de ces transports de joie immense, indicible, que seuls ont pu ressentir des condamnés à mort, prêts à périr, et soudain rattachés à l'existence par un rayon d'espérance. Je sentis ce qu'elle devait éprouver et je partageai son émotion. J'aurais voulu aider la malheureuse dans son sauvetage; j'en fus empêché par la crainte de tout compromettre en cherchant à la servir. Un coup de dent est si tôt donné et le crâne d'une souris est si peu résistant! Je restai donc immobile, le regard fixé sur les acteurs de cette tragédie, retenant ma respiration.

Cependant la victime ne bougeait pas.

N'avait-elle plus la force de remuer? Était-elle morte? Ou simplement évanouie?

Que le dénouement de ce drame me parut long à venir!

Minette, toujours animée de la même inconsciente férocité, du même dilettantisme, continuait gaiment ses manœuvres perfides.

Elle eut des accès de voluptés sataniques qui me firent froid dans le dos. Comme un tambour-major à la tête de ses tambours, rentrant dans une ville, lance sa canne à haute distance pour la rattraper avec grâce et la relancer à nouveau, ainsi fit Minette avec la souris. C'était affreux!

Après ces prouesses d'une chatte qui ne sait pas mettre un frein à ses passions, la souris tomba lourdement sur le parquet et..... se trouva quelque peu plus rapprochée de l'ouverture de Bonne-Espérance.

Je crus à ce moment qu'elle était bien morte et je me pris à regretter l'émotion et l'intérêt que je venais de prendre en pure perte.

Il faut plus que cela pour tuer une souris.

Elle vivait, elle calculait sa fuite, elle prenait ses dispositions stratégiques. Malgré les inénarrables douleurs de la suppliciée, ramassant ses forces et ses esprits, elle eut le sang-froid et le courage d'attendre un moment plus propice encore pour tenter son évasion. Si Minette continuant son jeu, et suivant pour ainsi dire le courant du mouvement qui l'avait peu à peu portée vers la porte, donnait encore un coup de patte à la souris du côté de l'ouverture, la prisonnière par un effort suprême, courrait rapide comme l'éclair à la bienheureuse fente et peut-être y pénétrerait-elle avant que l'ennemi ne puisse l'arrêter en route. A la bonne heure! Mais l'ouverture si étroite de cette sublime porte permettra-t-elle à la souris de s'y introduire et d'y passer tout son corps, quelque souple que puisse être un rongeur de sa taille? Mourir pour mourir, elle aimerait mieux périr écrasée par sa propre volonté, héroïquement et sans hésitation, pour reconquérir sa liberté, que de se sentir entamée par la mâchoire du tigre, sa dernière demeure.

Dieux éternels des rats, si jamais une évocation suprême vous fut adressée, ce fut par la souris de Minette en cette circonstance doublement périlleuse.

Un nouveau coup de patte de la chatte déplaça la souris dans le sens désiré par moi autant que par elle. Mais il fut si léger, si mesuré, que la victime ne gagna pas deux pouces. C'était peu, je crus pourtant que, flèche vivante, la souris allait tenter brûlant une ligne droite, de gagner les trois longueurs de Minette, à peu près, qui la séparaient de l'endroit où elle se trouvait à la fente de salut. Il n'en fut rien. La souris avait calculé que le temps lui manquerait, qu'elle serait prise en route.

Les rats, grands ou petits, comme les livres petits ou grands, d'après Horace, ont leur destinée.

Le coup de patte si ardemment souhaité fut enfin donné, et si vigoureusement par Minette en exécutant un entrechat, que la souris ne se trouva plus qu'à une longueur de son bourreau.

Alleluia! Montjoie et Saint-Denis! Hurrah! La souris était sauvée.

Tout en sentant le souffle tiède du tigre courir sur son pelage comme un zéphyr de mort, la souris ramassa toute son énergie et plus rapide qu'une douleur rhumatismale qui longe en se promenant le sciatique, ou qu'une dépêche électrique, elle alla se heurter à l'ouverture de la porte.

Là, continuant son effort suprême, et par un miracle d'aplatissement qui confond les mathématiques, elle glissa tout entière sous la fente, résolvant ainsi le problème du contenant plus étroit que le contenu.

En écrasant quelque peu sa tête, en se meurtrissant partout, en déformant ses chairs, en disloquant ses os et en laissant de ses poils, elle disparut en poussant un petit cri de triomphe et de douleur.

Minette avait bondi, mais elle n'arriva que pour voir l'extrémité de la queue de l'ex-captive, qu'elle essaya en vain de saisir.

J'éprouvai un de ces soulagements faciles à comprendre. Puis je me mis à rire de la mine piteuse de la chatte. Tantôt debout sur ses pattes de derrière, les pattes de devant appuyées sur la porte, tantôt flairant l'ouverture, toute parfumée encore du passage forcé de la souris, allant et venant comme un fauve dans sa cage, remplie de regrets d'avoir si maladroitement perdu une proie assurée, regrets qu'elle manifestait par de sourds miaulements chargés de mélancolie, elle était ainsi vraiment plaisante à voir.

A un moment, Minette fixa sur moi un regard de tigre dans le malheur et sembla me demander d'ouvrir la porte pour pouvoir pourchasser son fugitif gibier. Va-t'en voir s'ils viennent! La porte resta close et mon espoir est qu'après cette terrible odyssée, la pauvre souris aura pu gagner quelque réduit plus sûr que mon appartement où, loin des chats, à l'abri des tracas de ce monde, il lui sera donné de vivre en paix jusqu'à la fin de ses jours, terminés par une mort naturelle. Si elle aime, ce que je lui souhaite, car l'amour est la grande loi de l'univers, et si elle a le bonheur d'avoir des enfants autour d'elle, de devenir comme tant d'autres grand-papa ou grand'maman, quelles intéressantes causeries ne pourra-t-elle pas faire à ses petites-filles, les jeunes souris, en leur contant ses périlleuses aventures! Si elle ne me trouve pas trop mauvais versificateur, prêchant la sagesse à ses descendants elle répétera après moi :

Sans une sage prévoyance
Ne faites rien
Sinon le bien,
Et comptez sur la providence.
Gardez-vous contre tout danger,
Puis, jusqu'au bout, sachez ne pas désespérer.

Pourquoi le mot *chien* est-il une épithète injurieuse et que le mot *chat* ne le soit pas, bien que dans l'opinion générale les chiens valent mieux que les chats? A cette question, rien à répondre, sinon que c'est un fait. Mais en cherchant bien, j'ai trouvé que dans deux villes d'Espagne, — deux seulement — quand on veut s'injurier, on s'appelle chat. Pourquoi chat dans ces deux villes espagnoles et pas chien, comme partout ailleurs? A cela il y a une raison et la voici.

Depuis longtemps, il existait un point de discorde entre les habitants de Madrid et ceux de Ségovie, au sujet du surnom de *chats*.

Les Madrilènes donnaient aux Ségoviens ce surnom, et les Ségoviens à leur tour, chaque fois qu'ils voulaient rendre les Madrilènes ridicules, ne le leur épargnaient pas.

Un savant vient de tout accorder, et qui plus est, pour la plus grande gloire du surnom, dont voici l'origine :

Au douzième siècle, Ramiro II, de Castille, avait mis le siège devant Madrid et il n'attendait, pour donner l'assaut, que l'arrivée des Ségoviens. Ceux-ci ne paraissaient pas pressés de se rendre à cet appel ; pourtant ils arrivèrent.

Mais le prince, irrité contre eux, leur intima l'ordre d'aller se loger dans la ville, attendu qu'il n'y avait point de place pour eux dans son camp,

Fort mécontents du succès de cette réception, les Ségoviens durent faire camp à part et dressèrent leurs tentes en avant de l'armée, de telle sorte qu'au moment de l'assaut, ils se trouvèrent les premiers à entrer dans la ville, escaladant les murailles avec tant d'agilité que, depuis, on les surnommait *Chats*.

Ce sobriquet est donc des plus honorables, ajoute le savant auquel nous empruntons ces détails, quoique ceux qui ignorent son étymologie le trouvent ridicule.

Les chats ont donné lieu à un certain nombre de proverbes dont le plus connu, le plus souvent cité en Italie, est celui-ci : « Qui naquit chat court après les souris, » en italien *chi gate narce sorice piglia*. D'après un auteur milanais, la popularité de ce dicton en Italie est due à un fait assez curieux.

Dante et Cecco discutaient un jour sur la question

Les petits gourmands.

de savoir si l'art l'emporte sur la nature. L'auteur de la *Divine Comédie* se prononça pour l'affirmative, il allégua l'exemple de son chat qu'il avait dressé à tenir entre ses pattes une chandelle allumée pour s'éclairer pendant le souper. Cecco soutint la négative en disant qu'il pouvait opposer à ce fait un autre fait plus concluant. Les deux antagonistes se séparèrent comme il arrive toujours en pareil cas, sans pouvoir s'accorder. Le lendemain, la discussion recommença de plus belle. Dante crut la terminer à son avantage par l'expérience du chat. Aussitôt que le docile et savant animal fut en fonction, Cecco tira une boîte de sa poche et l'ouvrit. Deux souris en sortirent. Le chat ne les eut pas plutôt aperçues qu'il laissa tomber la chandelle et courut à leur poursuite. L'épreuve était concluante et Dante proclama la supériorité de la nature sur l'art dans un vers fameux où il est dit que la nature est la fille de Dieu, tandis que l'art n'en est que le petit-fils.

Un vers de Boileau est en proverbe :

J'appelle un chat un chat et Rolet un fripon.

Avant Boileau, le président de Lamoignon disait volontiers *c'est un Rolet* quand il voulait désigner un fieffé voleur. Qu'était donc ce Rolet si fameux? Il était procureur au parlement de Paris. Ayant été convaincu d'avoir fait revivre une obligation de cinq cents livres dont il avait déjà reçu le paiement, il fut pour ce fait, par un arrêt du mois d'août 1681, con-

damné au bannissement pour neuf années, à quatre
mille francs de réparation civile et à d'autres amendes.

Sait-on généralement qu'il y a des chats fonction-
naires de l'Etat ? Rien n'est plus vrai. Dans chacun
de nos ports militaires il y a au magasin des subsis-
tances un certain nombre de chats entretenus. Ils
sont nourris, logés et *reçoivent* des appointements qui
s'élèvent à cinq centimes par jour. Ces honoraires
sont versés à leur directeur sur le mandat délivré
par le bureau des vivres.

Le chats de l'Etat, justement fiers de leur position
sociale, cherchent à s'en montrer dignes. Ils sont très
courageux et se précipitent en héros sur les rats
énormes qui grouillent dans les ports ; mais quand ils
ont été mordus, ils sont généralement atteints d'attaque d'épilepsie et refusent tout service.

Avant d'être promu au grade de chat attaché au
service de terre, avant de passer *castor*, pour employer l'expression technique, le chat du gouverne-
ment a d'abord été marin. Il a navigué comme sta-
giaire sur les bâtiments de la flotte. La cale est son
quartier général. Il n'a d'autre nourriture que le produit de sa chasse. Mais le gibier abonde à bord. Rarement il apparaît sur le pont. Tous ils ont l'apparence
de chats noirs, car ils n'ont pour toute blanchisserie
que la soute au charbon. Le *chat du bord* occupe une
place honorable dans les écrits de nos romanciers
maritimes, Eugène Sue, La Landelle, etc. Sa physionomie est originale, il aime sa profession, il aime la mer,
ses hasards et ses dangers, il se plaît dans la cale et

se trouve mal à l'aise à terre, lorsqu'il est débarqué.

De l'intelligence du chat, je ne donnerai qu'un exemple.

Ma mère avait une chatte qu'elle aimait beaucoup et que je voyais toutes les fois que j'allais voir mon excellente mère à Rennes où elle demeure.

— Veux-tu voir, me dit-elle un jour, jusqu'à quel point Minette est intelligente?

— Volontiers.

— Eh bien, je vais sortir de cette chambre avec toi et nous fermerons la porte. Comme mademoiselle Minette n'aime pas à rester seule, avec sa patte elle ouvrira le loquet après être montée sur une chaise que j'aurai soin de mettre près de la porte.

— Comment, elle ferait ça, Minette ?

— Tu vas voir.

Nous sortîmes de la chambre. Après quelques minutes d'attente, j'entendis la patte de Minette qui se frottait contre le loquet. Puis il fut levé, la porte s'entrebâilla et Minette apparut avec un miaulement d'amitié qui s'adressait à ma mère. L'intelligente bête avait remarqué qu'il fallait lever le loquet pour ouvrir la porte; elle avait essayé de le faire et elle avait réussi avec une intelligence qui prouve une fois de plus que les animaux observent et que de leurs observations ils tirent des jugements, ainsi que l'affirme M. Flourens.

A-t-on le droit de tuer le chat d'autrui qui se permettrait de venir chez vous faire des dégâts sur votre toit ou entrer dans votre garde-manger? M. Richard, qui fut juge de paix à Fontainebleau, a établi que non, par un jugement longuement et savamment motivé, qui trouve ici tout naturellement sa bonne et curieuse place.

Voici les faits :

La maison de M. E...., à Fontainebleau, était envahie par les chats de la ville, qui se livraient sur les toits de la maison, dans le jardin, et même dans l'intérieur des appartements, à des ébats et à des désordres de toute nature.

Après avoir fait d'inutiles efforts pour repousser cette invasion, M. E... crut devoir recourir à des moyens plus énergiques pour se débarrasser de ces hôtes incommodes : il s'adressa à un garde forestier, qui disposa des pièges, et suivant la prévention, quinze chats devinrent les victimes de M. E...

La ville de Fontainebleau possède certaines dames qui adorent les chats en général, et les leurs en particulier ; les quinze exécutions dont le jardin de M. E... avait été le théâtre furent signalées comme des crimes qui réclamaient une punition exemplaire.

L'autorité publique, représentée par le commissaire de police, s'émut ; procès-verbal fut dressé, et les coupables furent traduits devant la justice répressive de M. le juge de paix.

Cette cause, comme on le comprend facilement, devait, à raison de la nature des faits, de la multiplicité des exécutions et des coupables, prendre des proportions considérables ; M. le juge de paix l'a compris, ainsi que l'atteste sa sentence, longuement motivée, et dans laquelle la nature et les habitudes des chats, des chiens et des volailles, l'opinion de Cambacérès, les principes du droit, les textes législatifs sont exposés, discutés avec une élévation et une ampleur que la gravité de la cause et des circonstances explique suffisamment.

Voici le texte de cette remarquable sentence :

« Le tribunal,

» Ouï les parties dans leurs dires, moyens et conclusions;

» Vu l'article 479 du code pénal et l'article 1385 du code Napoléon;

» Sur l'existence des contraventions:

» Attendu que la science et la jurisprudence reconnaissent plusieurs espèces de chats, notamment le chat sauvage, animal nuisible pour la destruction duquel seulement une prime est accordée, et le chat domestique, hôte de la maison, comme le chien, et au même titre à peu près, aux yeux du législateur.

» Attendu que le chat domestique n'est point *res nullius*, mais la propriété d'un maître qui a dès lors le devoir de surveiller, autant que faire se peut, et le droit de protéger à la fois l'animal qui lui appartient;

» Attendu que le chat, par sa nature et par ses instincts, échappe à une surveillance de tous les moments; qu'il est impossible, sous ce rapport, de l'assimiler aux autres animaux domestiques, dociles au frein et au joug, ou faciles à priver de la liberté d'aller ou de venir;

» Attendu que le chat, malgré le peu de sympathie qu'il inspire à raison de son caractère et à raison des inconvénients auxquels sa présence nous expose, n'en est pas moins d'une utilité incontestable, destiné qu'il est à purger non seulement les habitations, mais encore les terrains y attenant, d'animaux rongeurs, incommodes et dangereux ; que les services rendus ne s'arrêtent pas à la seule demeure de son maître, et qu'il est donc très équitable d'avoir de l'indulgence pour un animal toléré par la loi et utile à tous, soit directement, soit indirectement ;

» Attendu que le chat, même domestique, est en quelque sorte d'une nature mixte, c'est-à-dire un animal toujours un peu sauvage et devant demeurer tel à raison de sa destination même, si on veut qu'il puisse rendre les services qu'on en attend ;

» Que pour ce motif, la plus grande latitude doit être laissée au juge dans l'appréciation de prétendues fautes qui, le plus souvent, ne sont imputables qu'à l'imprudence ou à la négligence même de ceux qui se plaignent, l'homme ayant pour se protéger, sinon contre tout dégât, au moins contre les larcins du chat, sa raison et son expérience ;

» Attendu que la maison du sieur E... est fermée par une porte cochère en fer dont les barreaux ont 9 centimètres d'écartement avec un soubassement de 55 centimètres seulement ;

» Que cette porte offre ainsi un passage facile et le seul peut-être durant la nuit, dans le quartier, à tout chat poursuivi dans la rue, et que ne point réprimer les meurtres et mutilations de chats, dans les circonstances où ils se sont produits, pourrait entraîner des conséquences fâcheuses sous plus d'un rapport ;

» Attendu que la loi ne veut point que l'on se fasse justice à soi-même... »

Ici M. le juge de paix examine en droit la question de responsabilité pénale. Il n'admet pas que si la loi de 1791, titre XI, art. 12, *in fine*, permet de tuer les volailles, l'assimilation que l'on essaye d'établir des chats avec les volailles n'est rien moins qu'exacte, puisque les volailles sont destinées à être tuées tôt ou tard et qu'elles peuvent être tenues en quelque sorte sous la main, *sub custodia*, dans un endroit restreint et complètement fermé, tandis qu'on ne saurait en dire autant du chat ni le mettre ainsi sous le verrou si on veut qu'il obéisse à la loi de sa nature.

M. le juge de paix appréciant les arguments tirés des observations du consul Cambacérès au conseil d'État, malgré la grande autorité qui s'attache toujours à un nom célèbre, ne voit dans ces observations qu'une opinion individuelle, très respectable, sans aucun doute, mais sans force de loi.

« Attendu, porte le jugement, que nul ne doit faire à la chose d'autrui ce qu'il ne voudrait pas que l'on fît à sa propre chose ; que tous les biens, d'après l'article 516 du code Napoléon, étant en meubles ou immeubles, il en résulte que le chat, conformément à l'article 528 du même code, est, sans contredit, un meuble protégé par la loi comme les autres, et qu'en conséquence, les faits incriminés tombent directe- -ment sous l'application de l'article 479, paragraphe

1er, du Code pénal, qui punit d'une amende ceux qui ont volontairement causé du dommage à la propriété mobilière d'autrui ;

» Faisant application de ces principes :

» Renvoie B..., mari de l'inculpée B..., de la poursuite dirigée contre lui comme civilement responsable de la femme, et relaxe les quatre inculpés en cause de huit contraventions sur quinze ; mais les retient pour sept où ils ont été coauteurs, à l'exception d'une seule contravention à la décharge de l'inculpé G..., qui n'y a point pris part ;

» Et condamne non solidairement, mais par corps (art. 56 et 467 du Code pénal), lesdits inculpés, savoir :

» 1° Le garde forestier G..., à 1 fr. d'amende pour chaque contravention, qui sont au nombre de six.

(Les contraventions se comportent par le nombre de meurtres de chats).

» 2° La domestique B... à 1 fr. d'amende pour chaque contravention, au nombre de sept ;

» 3° Les inculpés mari et femme E..., à 1 fr. d'amende chacun pour chaque contravention, au nombre de sept ;

» Et 4° enfin, tous les inculpés, solidairement, à tous les frais de l'instance. »

Voilà les chats sauvés désormais des pièges que pourraient leur tendre des gardes forestiers ; mais le seront-ils de la casserole des cuisiniers de certains restaurants de barrière ? Hélas ! nous craignons bien que non.

VII

LE BŒUF, LE VEAU, LE MOUTON & LE COCHON ;
LES ANIMAUX SACRÉS DE L'INDE
ET LES ANIMAUX EXCOMMUNIÉS AU MOYEN-AGE

Si le bœuf, le mouton et le porc n'étaient que tués
et mangés, sans doute ce ne serait pas précisément
agréable pour eux ; toutefois ils devraient s'y rési-
gner, n'ayant aucun moyen de se défendre contre les
hommes, lesquels sont nés carnivores et trouvent leur
chair excellente. Mais on les martyrise le plus souvent
avant de leur ôter la vie, et en cela le roi de la création me paraît abuser des prérogatives attachées à sa
couronne.

Parmi les animaux qui ont l'honneur d'avoir pour
sépulture l'estomac de leur monarque, il en est dont
i a utilise les forces et l'intelligence ; d'autres dont on
récolte la toison comme on fauche le foin dans les
prairies ; d'autres enfin qui, rétifs ou incapables,
vivent exclusivement pour grandir, grossir, engrais-

ser et mourir. Ce sont assurément, parmi ces prédestinés de l'abattoir, les plus favorisés par la Providence.

J'ai vu des vaches dans le Béarn, et voici ce que j'en ai dit ailleurs[1] :

« Si je plains les chevaux à Paris, la ville du monde où ils sont le plus maltraités, je n'envie pas le sort des vaches béarnaises.

» Ici toutes les charrettes sont attelées, non de bœufs, mais de vaches qui courbent parfois la tête jusqu'à terre.

» Quelle position, bon Dieu ! pour celles qui ont la migraine !

» Du reste, si les vaches n'ont pas pour seule mission dans le Béarn, comme partout ailleurs, de nous fournir du lait, des veaux, et d'aller finalement prendre leur retraite à l'abattoir ; s'il faut encore qu'elles travaillent comme des chevaux, elles en sont récompensées par l'honneur de figurer dans les armes du pays. »

Les bœufs ont partout le sort des vaches dans le Béarn, et il est des pays, en France, où l'on garnit la tête de ces animaux, réputés méchants, d'une couronne de pointes en fer. Quand le bœuf sous le joug tente de lever la tête, les pointes de fer pénètrent ses chairs. De temps à autre, les paysans qui conduisent ces animaux inspectent l'état des blessures pour en ôter les vers que la décomposition y a fait naître.

____

1. *En Vacances*, 1 vol.

Deux ou trois feuilles d'arbre ramassées sur la route servent à faire cet horrible pansement, et le paysan remet sur la tête du martyr l'instrument de torture ; ce qu'il fait sans malice, naïvement, par habitude, et comme la chose du monde la plus simple et la plus naturelle.

Or, il arrive parfois que ce régime abominable de tortures stupides rend réellement furieux un animal qui n'était qu'indépendant et qu'on aurait facilement rendu soumis par un traitement moins barbare. Dans ce cas, le paysan reste persuadé que le bœuf n'est devenu furieux que parce que les pointes de fer n'ont pas assez pénétré sa chair et n'ont fait que le chatouiller en traversant le cuir.

La vie des moutons serait de toutes les existences la plus poétique et la plus enviable, si on devait s'en rapporter aux pastorales de madame Deshoulières et aux fables du capitaine de dragons Florian. En réalité, les moutons, que la nature a doués d'un poil long, chaud et touffu pour couvrir leur corps et non pour nous faire des bas de laine, sont heureux les trois quarts du temps comme des Parisiens et des Parisiennes qu'on forcerait à se vêtir, dans les mois de décembre et de janvier, de pantalons de coutil blanc et de robes d'organdi rose.

Pauvres moutons, toujours on vous tondra.

Je partage l'avis du poète, et je serais très fâché qu'il en fût autrement. Charité bien ordonnée commençant par soi-même, et les bas et les habits de laine étant une très bonne chose, c'est tant pis pour les moutons. D'ailleurs, le bon La Fontaine, qui s'y connaissait, nous a donné raison sur les moutons quand il a exposé en un vers cette éternelle vérité :

La raison du plus fort est toujours la meilleure.

Or donc, faisons travailler les bœufs et les vaches, privons de leur lait les veaux pour en faire des crèmes à la fleur d'oranger, tondons les moutons et tondons-les ras pour alimenter nos fabriques d'étoffes, employons les cochons à chercher des truffes qui leur passeront sous le nez ; mais au nom de la morale publique outragée, au nom de la justice violée, au nom de la religion méconnue dans son esprit, quand viendra pour ces animaux l'heure finale, n'ajoutons pas aux rigueurs nécessaires des rigueurs inutiles, qui révoltent nos instincts et nous déshonorent.

Dès qu'un animal de boucherie est condamné à devenir notre proie, on ne le traite plus comme un être sensible, mais comme une chose inerte. C'est véritablement monstrueux, et si nous voulions ici révéler ce qu'on pourrait appeler les *mystères de l'abattoir*, ce serait à soulever d'indignation et d'horreur les cœurs les plus froids, les esprits les plus indifférents, mais nous ne voulons écrire pour ce volume que ce qui peut être lu par tous, avec profit pour tous et sans inconvénient pour personne.

Aussitôt que les bestiaux, suffisamment engraissés

et refaits de leurs fatigues, sont arrachés au pacage pour être conduits à l'abattoir, commence pour eux une série de souffrances inutiles et atroces.

Avant la construction des chemins de fer en France, les animaux destinés à l'abattoir faisaient la route à

Les animaux au pacage.

pied par les voies vicinales et les chemins de traverse. Des étapes de vingt-quatre et vingt-huit kilomètres étaient souvent doublées, notamment quand les conducteurs de bestiaux avaient fait de trop longues haltes dans les cabarets et qu'il fallait arriver à heure fixe. Privés de nourriture (dès qu'un animal est vendu, toute alimentation lui est supprimée par économie), privés de sommeil, exposés aux intempéries nuit et jour, persécutés par les chiens et battus par les meneurs, les animaux, dont quelques-uns avaient entièrement usé leurs sabots dans ces courses furieuses, arrivaient à l'abattoir plus morts que vifs. Là, de nouvelles tortures leur étaient réservées jusqu'au moment où, sous le couteau de l'égorgeur, ils poussaient le suprême soupir que par dérision les hommes du métier appellent le *bon soupir*.

Les chemins de fer, en épargnant aux bestiaux les fatigues de la route, n'ont point amélioré leur condition.

Ils l'ont singulièrement empirée au contraire.

Quand il était si facile aux Compagnies de fabriquer pour les animaux des caisses où ils pussent manger, boire et respirer à l'aise, elles ont construit des wagons qui sont de véritables instruments de supplice. Dans ces étroites caisses, aucune place n'a été réservée pour le boire et le manger, et les animaux y sont livrés à toutes les intempéries, si les caisses sont ouvertes ; à l'étouffement si elles sont fermées. Dans tous les cas, les animaux sont si pressés les uns contre les autres, que bon nombre arrivent les côtes enfoncées. Je n'exagère rien, et j'adoucis tout au contraire, par égard pour les nerfs de mes lecteurs. Pour savoir toute la vérité sur cet horrible sujet, il faudrait lire soit l'ouvrage de M. Delattre, avocat du barreau de Paris, sur le droit des voyageurs en chemins de fer ; soit les écrits de M. le docteur Bertherand (de Lille) ; soit les publications de MM. Frédéric Borgelle, Allier, Parguez, caissier de la caisse de Poissy, Montalent-Bongleau ; soit enfin le rapport de M. Blatin, parlant au nom d'une commission composée de MM. Bourguin, Genty de Bussy, Godin, Leblanc et Ratin. Ce sont ces divers documents qui nous ont guidé le plus souvent dans nos recherches en nous épargnant bien des contrôles pénibles.

C'est, à l'arrivée ou au passage des trains, un concert de cris de fureur, de gémissements sourds, de hurlements effroyables à fendre l'âme et à faire dresser les cheveux. Si jamais il prend fantaisie au démon de donner une matinée musicale à son bénéfice, je lui conseille de ne pas choisir d'autres virtuoses. Ces animaux, entassés comme des colis de marchandises, voyagent à petite vitesse. Parfois, ils restent quarante et cinquante heures debout, sans boire, sans manger, et ce qui est pis encore, sans pouvoir changer de position. Aussi n'est-il pas rare que de malheureuses bêtes meurent en route ou arrivent malades, blessées, enfiévrées, dans le plus piteux état.

« J'ai moi-même abattu, écrit M. Tuffet, maître-garçon boucher, un veau qui, à son entrée à l'abattoir, avait eu les côtes cassées par le trépignement des autres animaux. — Il m'a fallu tuer immédiatement aussi trois de ces animaux qui arrivaient par le chemin de fer de Lyon et qui se mouraient étouffés. »

A côté de ces accidents partiels, il n'est pas rare de trouver à l'arrivée dans Paris, des convois entiers de porcs ou de moutons, morts ou agonisants par asphyxie.

Croyez-vous maintenant que de tels animaux soient une nourriture bien saine ? *Je suis convaincu*, dit le docteur Blatin, parlant au nom de la Commission dont nous avons plus haut fait connaître les membres, *je suis convaincu que beaucoup d'affections graves, telles que le charbon et l'anthrax, peuvent avoir pour cause l'usage de la viande d'un animal malade ou surmené.*

Que pensez-vous de la découverte? Il me semble qu'à défaut de compassion, elle devrait protéger les animaux contre les tortures qu'on leur inflige. En vérité, je trouve le roi de la création passablement maladroit ; il n'est jamais agréable, en effet, de déjeuner de côtelettes à la typhoïde, de dîner de gigot au charbon et de souper de tranches de bœuf salé à l'anthrax. Il est vrai que le roi de la création est multiple. Qu'importe à ceux qui vendent ces côtelettes, ce gigot et ces tranches de bœuf, qu'ils renferment en eux les principes d'une maladie quelconque, puisque ce n'est pas eux qui les mangeront?

Messieurs les bergers, les porchers et les bouviers ne sont pas toujours des plus compatissants et ils ne raisonnent d'ailleurs pas toujours juste. On leur loue les wagons pour une somme déterminée, et ils s'imaginent accomplir un profit estimable en *foulant la marchandise*, comme ils disent, de manière à ne pas perdre un pouce de terrain. Naturellement, la marchandise est foulée dans les wagons à grand renfort de coups de bâton.

Les Compagnies de chemins de fer laissent faire.

La police aussi.

Les voyageurs aussi.

La loi protectrice des animaux est violée et la santé publique menacée, qu'importe!

Ce spectacle révoltant ne révolte personne. C'est de la viande sensible puisqu'elle est vivante; tant pis pour elle !

Pendant les premières heures du trajet, la marchandise se conduit assez bien ; mais quand la fatigue, la faim, la soif, tous les tourments se sont fait sentir, l'esprit de la marchandise s'exalte, ses mauvaises passions se font jour absolument comme chez les hommes, et la marchandise, ne sachant à qui s'en prendre de tout ce qu'elle endure, finit par tourner ses fureurs contre elle-même C'est alors dans cette caisse de l'enfer un combat sans merci et à bout portant ; œil contre œil, bouche contre bouche, dent contre dent, groin contre groin. Tout cela grogne, crie, beugle, étouffe, mord, piétine, l'œil en feu, plein de larmes et plein de sang. On dirait un champ de bataille livrée de nation à nation par les hommes qui sont tous frères. Pour de l'entrain, il n'en manque pas. Fatalement les plus faibles succombent dans ce champ clos où toute retraite est impossible.

Comme l'extrême comique touche quelquefois à la cruauté, on se prend à rire malgré soi en voyant le débarquement dans les gares des bandes de porcs après un long trajet. A l'un il manque une oreille, toute fraîchement cueillie ; un autre a perdu sa queue, mangée sans qu'il pût la défendre ; celui-là trotte sur trois pattes, la quatrième s'étant égarée dans le wagon ; celui-ci porte dans le flanc l'empreinte d'une dent de la plus belle venue ; cet autre expose aux amateurs de petit salé son lard, épais et blanc, dans une entaille longue et béante comme une rigole. Bref, presque tous sont plus ou moins écloppés, ahuris, éperdus, abrutis. Les conducteurs de bestiaux, touchés à la vue de ce spectacle lamentable et comprenant tout ce qu'on doit à de semblables infortunes, lancent contre les invalides à longue soie les chiens, toujours disposés à mordre ; appuyant en outre, par des coups de fouet vigoureux et abondants, l'éloquente argumentation de ces derniers. Mais les malheureux porcs dont on fait les jambons de Cincinnati, passent par de bien autres épreuves en Amérique, ainsi que nous le verrons plus loin.

Il arrive assez souvent qu'après un voyage de trente et quarante lieues, des bœufs, sous l'influence de la trépidation du convoi, accablés de besoin et de fatigue, tombent en touchant la terre. Les hommes qu'on appelle *toucheurs*, — un nom significatif, — et dont le métier est de conduire les bestiaux écloppés ou non, ne connaissent qu'un moyen pour ranimer leurs forces : la dent du chien et le bâton. Le bœuf est alors mordu dans les endroits les plus sensibles — les chiens s'y connaissent — aux jarrets dont les os sont mis à découvert, aux narines qui sont déchirées dans toute leur longueur, sous le ventre et ailleurs. Pendant que le chien fait ainsi son office en conscience, la gueule ensanglantée du sang de l'animal épuisé, le toucheur, de son côté, ne reste pas inactif. Il frappe de la pointe et du plat de son bâton, en trépignant sur la queue du bœuf, ce qui lui occasionne une douleur atroce.

Eh bien, le croiriez-vous? il y a, d'après le témoignage de messieurs les toucheurs eux-mêmes, des animaux assez *entêtés* pour ne pas céder à ces exhortations. Alors, ma foi, les toucheurs ont recours à un autre moyen, qu'ils appellent le *grand jeu*. On lie le bœuf *têtu*, par les cornes, au bout d'un cabestan. Ou la corde casse, ou le cabestan se démonte, ou les cornes se déracinent, ou l'animal est hissé dans une charrette en poussant des beuglements épouvantables.

En ce qui regarde les moutons entêtés de ce même genre d'entêtement, on les lie par les quatre pattes, quand on a des cordes: on les *courmanche* quand on n'en a pas.

Courmancher! voilà un verbe inconnu de nos lectrices, et sans doute aussi du plus grand nombre de nos lecteurs. Je vais en expliquer la signification.

Pour *courmancher* un mouton, rien de plus simple: on prend les deux membres postérieurs de l'animal et on les noue délicatement, comme on ferait de deux bouts de faveurs. Les articulations se luxent, les os se fracturent avec un craquement sinistre, et l'œil de la bête se couvre du voile de la mort. Puis, le bourreau, se servant des membres noués comme on se sert de l'anse d'un panier, y passe son bras sans façon, et porte ainsi le mouton jusqu'à la charrette où il est lancé à la volée.

Peut-être, pensez-vous, qu'après ce supplice préparatoire, le boucher va se hâter de donner aux malheuses bêtes le coup de grâce qui leur serait bien dû? Erreur : « Elles sont *ordinairement*, disent les docteurs Blatin et Carteau, déposées dans des caves où elles attendent quelquefois *deux ou trois jours* qu'il plaise au garçon boucher de venir les prendre pour mettre fin à leur agonie. »

Les Peaux-Rouges de l'Amérique agiraient-ils différemment? Mais en fait de cruautés toutes les peaux humaines se valent, qu'elles soient rouges, blanches, ou noires.

N'accusons pas trop cependant les hommes qui maltraitent ainsi les animaux conduits à l'abattoir. Dès leur enfance souvent ils sont habitués à ces spectacles hideux qu'ils trouvent tout simples. « Puisque ces bêtes sont pour mourir, disent-ils, il n'y a pas besoin de se gêner avec elles. » Que si vous leur faites observer qu'il existe une loi qui défend de maltraiter publiquement les animaux, ils croient que vous voulez rire; et pour ne pas être en reste de bonne humeur avec vous, ils répliqueront qu'ils n'ont jamais vu de bœufs habillés en sergents deville avec mission de faire respecter les droits de leurs semblables et que quant aux sergents de ville véritables ils ne leur ont jamais adressé de reproches à ce sujet. En effet, pour une violation punie de cette loi Grammont, si sage et si morale, il en est mille et plus qui échappent à tout châtiment.

Aux tortures que nous avons fait connaître et à beau-

coup d'autres que nous avons cru devoir taire, vient
s'ajouter pour quelques veaux la *question de l'eau*,
telle, à peu près, que la subit pendant son interroga-
toire, madame la marquise de Brinvilliers, de véné-
neuse mémoire.

Ce n'est point à l'indifférence ou à l'incurie qu'il
faut reprocher cette dernière atrocité, mais à une
détestable spéculation.

Pour élever frauduleusement le prix des animaux
vendus au poids et vivants, quelques marchands leur
ingurgitent, de force, une certaine quantité d'eau peu
de temps avant de les conduire au marché. Le veau
en meurt souvent quelques heures après, mais il est
vendu, et l'argent est empoché par l'honnête éle-
veur.

A Bruxelles on fait mieux : on mêle du sable à l'eau
qu'on force les bêtes à avaler. C'est plus lourd. Quelques veaux, il est vrai, — des caractères mal faits, —
meurent subitement de cette amélioration dans leur
état d'embonpoint. Mais, qui ne risque rien n'a rien.

Être bœuf en France, et, en général, partout en Europe, ne constitue pas le suprême bonheur, nous venons de le voir ; mais être bœuf en Abyssinie, c'est
beaucoup moins réjouissant encore. Ici nous finissons
toujours par tuer nos bœufs avant de les manger, bien
que nous y mettions parfois un temps assez long ; en
Abyssinie, c'est cru et vivant que la bête humaine
tient à manger son *beef*. Mon Dieu ! oui, on attache
l'animal par la tête et par les pieds, et c'est sur elle,
vivante, que d'adroits opérateurs choisissent et déta-

chent le morceau préféré, sans intéresser les parties essentielles à la vie.

— Garçon! encore une petite tranche dans l'entrecôte.

— Monsieur, cette partie est déjà mangée.

— Dans ce cas, un morceau du haut de la culotte.

— Monsieur, je crains que le bœuf ne résiste pas à une nouvelle ablation dans cette partie déjà très endommagée de son individu; mais je ne verrais aucun inconvénient à lui demander une tranche de son faux filet.

— Soit! garçon, coupez-en deux: je me sens en appétit ce matin.

Croyez-moi, lecteurs, je n'exagère rien; si invraisemblable que puisse paraître ce fait, il est vrai de point en point. Si vous en doutez, vous en trouverez la preuve dans la collection choisie des *Voyages autour du monde* de sir William Smith.

Comme tout arrive et comme tout existe, les bœufs et certains autres animaux martyrisés presque partout avant d'être mangés, sont adorés chez certains peuples. Malheur à l'homme qui commettrait le sacrilège de les frapper, ne fût-ce qu'avec une fleur. C'est celui-ci qu'on tuerait en lui infligeant les supplices réservés par la loi religieuse à l'auteur du sacrilège. O burlesque et atroce folie de notre chétive cervelle humaine!..

Il faut aller dans l'Inde et se mêler aux adorateurs de Brahma pour voir certains animaux, notamment les vaches, les veaux et leur respectable père, jouir d'un bonheur parfait ici-bas. Non seulement on ne les mange pas — comme les Egyptiens de Thèbes qui ne mangeaient pas non plus du mouton parce qu'ils adoraient Ammon sous la figure d'un bélier — les Indiens traitent en dieu un certain nombre de bêtes.

Entre la condition d'être humain avec toutes les misères qui s'attachent à l'homme en tous lieux et dans toutes les positions de la vie et la condition de vache chez les serviteurs de Siva, il n'y a pas à hésiter, la vache l'emporte de beaucoup en avantages et en prérogatives.

Les chevaux sont, je crois, de tous les animaux domestiques, les moins protégés par les superstitions de ces peuples idolâtres. Ils paraissent même ne pas l'être du tout. En effet, nous voyons dans les livres sacrés des Indiens que le sacrifice d'un cheval, loin d'être désagréable à Brahma, lui fait, au contraire, le plus grand plaisir. A ce point qu'un prince qui l'accomplirait cent fois, c'est-à-dire qui immolerait cent chevaux en l'honneur du Tout-Puissant, aurait le droit de régner sur les dieux mêmes. Le législateur et savant théologien Manou a reconnu clairement que le simple croyant qui ferait chaque année le sacrifice d'un cheval, tout en se condamnant à ne jamais manger de viande, obtiendrait cette même récompense. Pauvres chevaux !

On sait que Brahma change en bêtes les hommes après leur mort et qu'il enveloppe leurs âmes dans tel ou tel animal, suivant les fautes de chacun.

Il est curieux de parcourir ce code pénal qui fait de

tous les animaux de la création des prisons pour les humains.

La femme qui viole ses devoirs conjugaux est changée en chacal; l'homme qui a négligé de faire ses prières prend la forme d'un perroquet.

Pour punir les pêcheurs devenus oiseaux, on les condamne à prononcer le nom de *Rama*, qu'ils répètent presque sans discontinuer. Les dévots achètent ces perroquets, qu'ils paient fort cher, pour les entendre dire *Rama*, ce qui est un excellent moyen de gagner les bonnes grâces du ciel indien.

Si quelque brahmane viole le vœu de chasteté, c'est un âne borgne et noir qui en supporte les conséquences. On sacrifie la pauvre bête dans un endroit où quatre chemins se rencontrent et pendant la nuit. Quand l'âne est abattu, on l'écorche, et l'impudique pêcheur s'en fait un paletot. Ainsi recouvert de sa peau, il va demander l'aumône dans sept maisons en confessant ses torts. Puis il observe le jeûne. Au bout d'un an de ce régime et de ce costume, il peut sortir de la peau de l'âne et reprendre sa position dans le monde: il est purifié.

La métempsycose a eu du moins ce bon effet, de protéger généralement les animaux contre la brutalité des hommes qui, dans ce cas, du reste, n'agissent que par égoïsme. Mais cette protection est souvent bizarre et quelquefois tout à fait inexplicable. Ainsi, il en coûte une bêche ou un bâton ferré d'amende à quiconque se permet de tuer un serpent.

L'amende est d'un pot de beurre clarifié pour

celui qui, par méchanceté, met à mort un cochon.

Le trépas d'un perroquet, qu'il dise *Rama* ou qu'il ne dise rien, coûte un veau de deux ans.

Celui d'un héron s'expie par l'abandon d'un veau de trois ans.

Quiconque a tué un cygne, un milan, un faucon, un paon ou un singe est impitoyablement condamné à une vache d'amende.

Quand le sacrifice d'un cheval n'est pas un sacrifice religieux, il est puni de la perte d'un vêtement en faveur de l'État.

Un éléphant immolé sans nécessité coûte au meurtrier cinq taureaux noirs.

La peine est moindre des quatre cinquièmes pour avoir fait passer le goût de l'herbe fraîche à un bouc ou à un bélier.

Un âne tué se paie un veau d'un an.

Enfin, et ceci est la punition la plus originale et aussi plus difficile à digérer, la faute d'avoir dérobé des choses susceptibles d'être mangées, telles que racines, fleurs, fruits, etc., s'expie en avalant les cinq produits d'une vache, c'est-à-dire du lait, du caillé, du beurre, de l'urine et de la bouse.

Les bœufs sacrés qu'on trouve à chaque pas dans les rues de Bénarès, rappellent le culte égyptien du bœuf Apis. La multitude de ces animaux est une calamité que l'autorité anglaise n'a pu, jusqu'ici, combattre efficacement.

C'est qu'en effet, de toutes les erreurs d'une nation, les erreurs religieuses sont incomparablement les

plus difficiles à redresser ; or, les habitants de Bénarès regardent avec une vénération profonde ces quadrupèdes, qu'ils nourrissent et entretiennent pieusement dans l'intérêt de leur âme, à eux. Les Hindous
sont persuadés qu'à la mort d'un parent ou d'un
ami, si on lâche, pour le laisser errer libre, un taureau noir, l'animal emporte à la pointe de ses cornes
les péchés du défunt. Cette manière d'expiation, d'une
pratique fort simple, a l'immense avantage, pour le
défunt, de lui épargner le désagrément de renaître
sous la forme peu sympathique d'un crapaud, d'un
ver de terre ou d'une limace. Qu'on juge par là de
l'énorme quantité de taureaux vagabonds, mais du
reste très doux, qui errent un peu partout dans cette
patrie aimée de la race bovine. Pourtant, quand la
gent cornue a par trop procréé, et qu'il y a danger
pour la population d'être écrasée par ces hôtes impor-
tuns autant que sacrés, les magistrats anglais,
aujourd'hui maîtres du pays, ordonnent une razzia.

Mais il faut s'entourer de précautions pour accomplir cette mesure d'utilité générale, qui révolterait
les fanatiques. A la nuit, des agents de police conduisent mystérieusement les quadrupèdes dans les
forêts voisines, où des léopards incrédules, dit un
écrivain, et des tigres esprits forts ont bientôt fait
justice des prétentions de ces bœufs-dieux.

Ne nous moquons pas trop des Indiens à l'égard de
ces folies animales. Un jurisconsulte très célèbre dans
la première moitié du seizième siècle, — il n'y a que
trois cents ans ! — a traité longuement la question

des animaux nuisibles au point de vue des poursuites
légales à diriger contre eux. Il examine sérieusement
leur expulsion par voie d'anathème et de malédiction,
et se demande si les animaux peuvent être traduits
devant les tribunaux ordinaires. Le savant jurisconsulte, après quelques hésitations, conclut affirmativement. Viennent ensuite les questions de procédure,
si délicates quand il s'agit de juger les hommes, plus
délicates encore quand les coupables traduits à la
barre sont des chenilles, des anguilles, des mouches,
des rats, des limaçons, etc.

Barthélemy de Chassanée (c'est le nom de cet
illustre jurisconsulte) est fort embarrassé de savoir si
les insectes doivent être cités en personne, *persona-
liter*, ou s'il suffit qu'ils comparaissent par procureur.
En admettant la comparution des insectes par procureur, une objection grave se présente : les animaux
incriminés peuvent-ils déférer à une invitation que
leur intelligence ne leur permet pas de comprendre?
N'y a-t-il pas, au point de vue du droit dont Barthélemy de Chassanée est le loyal défenseur, de sérieux
inconvénients à ce que le juge donne aux petites bêtes
en cause un procureur à leur insu? Grand embarras
de la part du jurisconsulte. Sa conclusion, néanmoins,
est qu'un tiers peut se présenter et proposer, au nom
des animaux assignés, toutes sortes de moyens en la
forme et au fond.

Chassanée, dont les curieux écrits ont eu les hon-
neurs de plusieurs éditions, dit avoir vu un certain
nombre d'arrêts prononcés par l'officialité de Lyon,

de Mâcon, etc., tant contre les insectes que contre d'autres animaux, tels que rats, colimaçons, etc.

Tous les détails de la procédure usitée en pareil cas sont fidèlement consignés par ce personnage, si grave et si amusant. D'abord, il adressa une requête aux habitants d'une paroisse ravagée par les rats. Sur cette plainte, un avocat fut nommé d'office, qui parla longuement et éloquemment au nom des rats, ses clients. On écouta l'avocat avec plaisir, mais on ne tint aucun compte de ses arguments. L'official fit une première adjuration aux rongeurs, qui ne répondirent point et firent défaut. Alors l'official, se croyant suffisamment autorisé pour sévir, lança contre les rats une sentence de malédiction et d'anathème.

Notre auteur transcrit jusqu'à sept de ces sentences, dont l'authenticité ne peut être mise en doute, car elles sont de l'époque même où vivait ce légiste. Il y en a contre les chenilles, contre les vers, contre les rats, contre les mouches, etc.

Ces sentences varient peu entre elles quant à la forme. La principale différence consiste dans le laps de temps accordé aux animaux malfaisants pour déguerpir ou cesser leurs déprédations. Dans une de ces sentences, on ne leur accorde aucun délai, et ils sont immédiatement anathématisés ; dans une autre, le délai est de trois heures ; dans une troisième il est de trois jours ; une quatrième dit qu'ils seront processionnellement sommés par trois fois : *primo, secundo, tertio,* et, sur leur refus d'obéir, foudroyés incontinent. Ah ! que ne peut-on de nos jours, avec ou sans jugement, foudroyer le phylloxéra, qui menace de nous condamner au coco à perpétuité et les sauterelles qui ravagent tout en Algérie.

Voilà des faits bien propres, il me semble, à nous inspirer de l'indulgence pour les folies et les erreurs d'autrui dans tous les pays et sous toutes les latitudes.

Revenons, s'il vous plaît, aux compagnons du saint anachorète Antoine, pour voir comment ils sont traités en Amérique.

Les cochons, dans une partie des États-Unis, sont tués comme on fait de la toile : à la mécanique.

O génie de l'invention ! ô miracle de la vapeur !

Les propriétaires de la redoutable usine où des milliers de porcs trouvent tous les jours une mort aussi prompte qu'extraordinaire, étaient au temps où j'étais aux États-Unis, MM. Borello et Huglinton, de Cincinnati. Vous voyez que je cite mes auteurs. L'usine, quand je la visitai — elle a dû se perfectionner depuis — se composait de quatre corps de bâtiment rattachés tous par des ponts suspendus.

Plus loin, comme des plaines vivantes que va bientôt faucher la dévorante machine, sont parqués d'innombrables troupeaux de porcs appartenant à différents propriétaires qui les amènent à cette usine, comme on apporte du blé au moulin.

A un signal du mécanicien en chef, on lève une balustrade qui communique à l'entrée du premier compartiment de la machine, et l'œuvre de destruction commence.

Les cochons, très serrés l'un contre l'autre, voyant

une issue, se précipitent dans ce corps de bâtiment jusqu'à un couloir où ils ne peuvent passer qu'un à un.

Arrêtés là un instant, ils ont le col traversé par d'énormes couteaux, mus par la vapeur, comme tout le reste de la machine.

Le cochon, égorgé en moins d'une seconde, se trouve pris par les pieds de derrière et traîné par des crampons qui le hissent jusqu'à une certaine hauteur.

Là, il reste suspendu un instant et passe plus loin sur un balancier mobile sans cesse en mouvement, qui plonge l'animal dans un puits de vapeur et finit par l'étouffer en l'échaudant.

Le cochon, un moment plongé dans le gouffre, reparaît bientôt pour être saisi par de nouveaux crampons qui le traînent dans la brosserie. Cette brosserie cylindrique, munie de fortes brosses qui agissent en sens contraires, saisit le cochon et lui fait faire, en le brossant, de dix à quinze révolutions dans une demi-minute. Ce laps de temps suffit pour épiler l'animal et lui rendre la peau blanche comme celle d'un jeune poulet. Après cette opération, il est encore saisi par des crampons qui le transportent, par un mouvement brutal et symétrique, dans un carré spécial, où il est fendu depuis la queue jusqu'à l'extrémité du museau. Des ouvriers choisissent alors les bonnes parties qu'ils conservent, et jettent le reste dans une grande rigole qui, par les cours, traverse les bâtiments et va se perdre dans l'Ohio. Dans l'avant-dernière étape, où le cochon est transporté par un arbre de couche, un effroyable compartiment de la machine le taille en tout sens et symétriquement. Plus loin enfin, on sale les membres épars, qu'on accroche aux fumoirs, pendant que les autres parties de l'animal sont mises dans la saumure et enfermées dans des barils.

Tout cela se fait avec une si étonnante promptitude, qu'on a de la peine à suivre les cochons dans ce rude et multiple travail de tant d'opérations diverses. Les cochons succèdent aux cochons comme les chevaux de bois succèdent aux chevaux de bois dans le jeu circulaire qui porte ce nom. Joignez à cela les cris rauques et sinistres des porcs égorgés, suspendus en guirlandes sonores partout autour de vous. Cette lugubre et horrible musique n'a pas de fin, car à mesure que les cris d'un cochon disparaissent étouffés dans le puits de vapeur, la mécanique, sans cesse en mouvement, égorge un autre cochon qui apporte son contingent de sourdes lamentations.

Ce curieux établissement, depuis son installation dans la principale ville de l'Ohio, a été souvent visité par les étrangers qui passaient. Ils y ont toujours été parfaitement reçus par les propriétaires, de véritables *gentlemen*. Un touriste français cite ce fait que, étant allé voir cette usine un jour de grande fête où le travail se trouvait suspendu, un des associés de la maison fit galamment tuer, pour satisfaire sa curiosité, une trentaine de cochons.

On ne saurait être plus aimable.

L'époque de ces massacres d'innocents est connue

à Cincinnati et dans les autres États où l'on fait des salaisons sous le nom pittoresque de : *époque de la récolte des cochons*. Cette récolte est abondante.

J'ai sous les yeux quelques chiffres qui peuvent paraitre curieux.

Il a été, dans les six principaux États de l'Ouest, tué, dépecé et salé à la mécanique, pendant les mois de janvier et de février de l'an de grâce et de saindoux 1859, savoir :

Ohio, 648,421 cochons; Illinois, 605,429; Indiana, 284,982; Kentucky, 130,500; Iowa, 119,447; Missouri, 86,393;

Total : Un million huit cent soixante-huit mille sept cent quatre-vingt-deux cochons!

Pour sa part la seule ville de Cincinnati a vu égorger 600,000 porcs en moins de six semaines.

Quelle activité et que de jambons!

Robin, dernier mouton du siège de Paris.

Il m'est doux pour l'honneur de l'humanité et pour nous rafraîchir l'esprit, après vous avoir parlé des moutons *courmanchés* de vous faire connaître la plus touchante histoire de mammifère ruminant à cornes creuses que je connaisse et que l'on puisse imaginer. C'est l'histoire d'un mouton que ses propriétaires, un boucher et sa femme, ont conservé vivant et bien vivant, pendant tout le temps du siège de Paris, ne voulant pas tuer cet animal qu'ils avaient déjà depuis deux ans et auquel ils étaient attachés. Ayant vu ce mouton se promener librement dans la boutique du boucher, dégarnie de toute viande, même de viande de cheval, même de viande de chat, de rat ou de chien, je fus si surpris que je demandai à la bouchère le mot de cette énigme. La bouchère me conta l'histoire de Robin — c'est le nom qu'elle avait donné à son mouton — et à mon tour j'en fis un récit dans le *Siècle*, numéro du 14 décembre de l'année terrible 1870.

J'avais l'honneur d'être président du conseil de famille de ma compagnie (116ᵉ bataillon, commandant Langlois). Au nombre des gardes nationaux auxquels pendant les gardes au rempart je faisais distribuer la popote... (maigre, hélas! à la julienne en tablettes ou à l'oignon conservé) se trouvait un jeune poète rempli de talent et qui un jour devait briller au premier rang. Je lui fis lire l'histoire de Robin. Deux jours après, à la date du 17 décembre 1870, je recevais la lettre suivante :

« Cher monsieur Comettant,

« Voici votre touchante histoire de Robin, arrangée en vers alexandrins. J'espère — un peu — qu'elle ne vous déplaira pas trop; en tout cas, il faut que vous me pardonniez de vous en infliger la lecture, car c'est vous qui l'aurez voulu.

» Je vous salue bien sincèrement et bien cordialement. Paul DELAIR. »

M. Paul Delair, hélas! mort à cette heure, est devenu célèbre. Les portes du Théâtre-Français lui ont été ouvertes et la critique tout entière a reconnu le grand mérite de *Garin*, pièce en cinq actes et en vers, œuvre de haute allure remplie des plus brillantes qualités.

Voici cette belle pièce en vers d'après le manuscrit original qui est en ma possession.

ROBIN

DERNIER MOUTON DU SIÈGE.

Il est paisible et bon. C'est l'ami du foyer.
Jamais de grosse voix ne vient le rudoyer.
Sans bruit, sans peur, il suit son maître ou sa maîtresse.
Il a cet instinct sûr qui pèse une caresse
Et qui sait distinguer l'ami vrai du flatteur.
Avec je ne sais quelle enfantine candeur,
Son doux œil vient chercher dans vos yeux votre peine
Et demande une part de la douleur humaine.
Une clarté de paix dans son regard sourit;
Et ce n'est à coup sûr que l'âme d'une bête,
Une âme à quatre pieds : mais c'est une âme honnête.
Son maître, le boucher, l'a baptisé du nom
De Robin; et le nom lui sied. Est-ce un chien? Non,
Non pas; c'est un mouton.
                    Quoi! lorsque la famine
Sa flamme aiguë aux yeux, sa griffe à la poitrine,
Déjà guette, jalouse, et flaire dans le vent
Comme un gibier, l'odeur de tout être vivant; —
A l'heure où ce Paris qu'on assiège et qu'on sèvre
Sent bouillonner son sang généreux d'une fièvre
Qui n'est pas seulement la fièvre des héros, —
A l'heure où les savants prennent aux chiens les os, —

Au moment du courage et des calculs suprêmes,
Où nous souffrons déjà, pas encor dans nous-mêmes,
Mais dans nos femmes, mais dans ce qui nous est cher,
Dans nos petits enfants, le vif de notre chair,
Quand l'ouvrier, debout, mais pâle et misérable
En rentrant du rempart ne trouve plus à table
Cette gaîté du soir qui refaisait son sang
Et qu'il n'a plus de joie, hélas, qu'en le versant ; —
Lorsque, le lait manquant au sein meurtri des mères,
Tant de petits cercueils entrent aux cimetières,
(Roi Guillaume, devant le grand Juge, à ta mort,
Ce sont ces tombes-là qui crieront le plus fort !) —
Quand les privations nous tiennent à la gorge
Et que Paris, qui met tant de bronze à la forge,
Se met si peu de viande au ventre, et vaillamment
Chante, et l'estomac creux tord le métal fumant, —
Quand pour vivre, combattre, vaincre, il faut qu'on mange
Un mouton survivrait ! Par quelle grâce étrange ?
Que voulez-vous ? On l'aime. On ne le tuera pas.
Lorsqu'un passant murmure : « Oh ! le joli repas ! »
Sa maîtresse, posant une main protectrice
Sur la tête laineuse : « Oh ! Robin sans malice,
Mon bon Robin, dit-elle, oh ! que non ! tu vivras,
Avec nous, comme nous, et tu partageras
Dans le creux de mes mains ma dernière bouchée. » —
Et Robin la regarde, humble face touchée,
Et comprend. — Qu'a-t-il fait pour gagner tant d'amour ?
Il a souffert.
       Voici sa simple histoire : Un jour,
Trottant menu, baissant passivement la tête,
Il s'en allait où l'homme, hélas ! mène la bête,
Où les rois mènent l'homme, — à l'abattoir. Soudain
Une charrette passe et renverse Robin,
Une patte brisée et pendante. On emporte
Pour l'achever ailleurs la bête moitié morte.
Le boucher la tenait déjà sous le couteau

Lorsque, tournant vers lui son œil pâle, l'agneau
Avec ce regard tendre et presque humain des bêtes
Que fit souvent songer bien d'orgueilleuses têtes,
Comme pour implorer secours, en gémissant
Tendit sa patte enflée, informe, horrible, en sang. —
« Ah ! le pauvre petit ! dit au boucher sa femme,
Vois, qu'il est confiant ; cela fait mal à l'âme.
Ne le tuons pas : donne, et je le guérirai. »
Une femme a raison sitôt qu'elle a pleuré.
Grondant et souriant et haussant les épaules,
L'homme céda, disant : —Que les femmes sont drôles ! —
Joyeuse, elle porta Robin dans la maison.
Mains féminines, mains pleines de guérison !
Elle le soigna, bonne, obstinée et pieuse,
Contente, — et le reprit à la mort envieuse,
Le sauva. — C'est pourquoi, si paisible et si doux,
Il vient poser tout seul la tête à ses genoux.
Où le cœur a touché toujours il s'enracine.
— « Tu ne l'as pas guéri pour que je l'assassine,
Dit l'homme, à cette glu sympathique attaché ;
Tu m'as fait plus mouton que lui ; j'en suis fâché,
Mais baste ! »
       Et Robin vit, choyé, gâté, tranquille,
Et quand ses frères morts auront nourri la ville
Ainsi que toute bête ayant souffle, — il vivra.
Et la faim de Paris clément l'épargnera.
Aussi va-t-il, disant ses oraisons bêlantes ;
Il n'a pas, comme au temps des bergères galantes,
De faveur rose au cou, mais un lien au cœur ;
Il aime. Oh ! je crains peu le sourire moqueur ;
Toute bête, si bas qu'elle soit sur l'échelle,
A sa part de tendrese et de lumière en elle,
Et nul être de Dieu n'échappe, c'est ma foi,
A l'amour, ce mystère, hélas ! et cette loi.
Et si j'ai raconté ce fait, si simple en somme,
C'est qu'il m'a paru bon de dire, à toi, qu'on nomme

Guillaume, vieux César, ivre, dévot, sanglant,
Que nos bouchers font grâce à ce mouton tremblant
A l'heure où ton couteau royal fume et ruisselle ! —
Ta pourpre, teinte au sang des peuples, comme celle
De Nessus, qu'elle reste attachée à tes reins !
Dans un cercle de fer tu nous auras étreints,
Mais notre âme est à nous : c'est la grande âme humaine!
En détruisant Paris, tu pourras dans ta haine
Réaliser l'impie et sombre vœu romain
Et couper d'un seul coup la tête au genre humain,
Mais jusqu'à ce moment, tu la verras sourire ! —
Et quand l'Histoire enfin pourra, sévère, écrire,
Elle dira nos vœux, nos œuvres, nos efforts,
Saluera nos blessés et baisera nos morts !
Elle peindra Paris qui rugit et qui chante,
Et ce sera peut-être une chose touchante
Que de voir un mouton, dans sa cage enfermé,
Jouer entre les pieds du lion affamé.

   Décembre 1870.   Paul DELAIR.

  N'est-elle pas toute charmante et singulièrement
vigoureuse aussi cette véridique histoire de Robin si
éloquemment contée par le poète? « Pauvres moutons, toujours on vous tondra. » Voilà la règle. Robin
est l'exception qui la confirme. On ne l'a point tondu
et il a conservé l'intégralité de ses appétissantes côtelettes dans le moment où nous étions tous réduits à
manger nos derniers rats d'égout. Tout arrive, nous
l'avons dit, déjà, et c'est ici le cas de le répéter.

VIII

LES ANIMAUX FÉROCES

Les bêtes féroces sont devenues des animaux domestiques dans nos jardins zoologiques et dans les ménageries des dompteurs qui ont trouvé l'art de se faire des rentes non point en élevant des lapins, ce qui est vulgaire, mais des lions, des tigres et des ours blancs, ce qui est beaucoup plus distingué, et de les faire travailler en véritables artistes. Parfois il arrive que ces artistes d'humeur chagrine dévorent leur impresario quand le temps est à l'orage, quand ils ont leurs nerfs; mais la perspective de voir manger le dompteur par ses pensionnaires ajoute pour beaucoup de gens à l'attrait du spectacle et personne ne s'en plaint; pas même le mangé quand il a été est bien mangé.

Au temps où le célèbre dompteur Hermann faisait courir tout Paris avec ses terribles élèves, j'eus l'avantage de passer une matinée avec lui. Il poussa la politesse, jusqu'à vouloir me présenter à ses hôtes, chez eux, en ami. Je déclinai cet honneur. Je demandai seulement à voir Hermann, à m'entretenir quelques instants avec lui.

Je pénétrai dans un vaste hangar derrière l'Hippodrome et j'aperçus le jeune dompteur (Hermann n'avait alors que vingt-cinq ans) dans la cage de ses lions en train de leur faire un discours qui paraissait fortement les intéresser. Hermann est allemand : je ne serais donc pas étonné que ce discours reposât sur le *moi* et le *non moi*, l'*objectif* et le *subjectif*.

— Je vous dérange peut-être, *messieurs*, dis-je machinalement en ôtant poliment mon chapeau.

— Du tout, répondit Hermann, et vous pouvez entrer.

— Entrer où ?

— Près de moi, répondit le dompteur le plus naturellement du monde.

— Souffrez, répliquai-je, que je reste modestement dans l'antichambre de votre salon de société.

— Comme il vous plaira. Le fait est que quand on n'y est pas habitué...

— Oui, ça intimide un peu.

— C'est étonnant, ajouta Hermann, en se parlant à lui-même, comme les hommes ont peur des bêtes féroces.

— Il est vrai, répondis-je, que sauf quelques rares exceptions, on n'aime pas à être dévoré.

— Bah ! reprit philosophiquement le dompteur en cravachant une lionne qui lui montrait en grognant les quarante poignards dont se composait sa mâchoire, on n'est pas mangé deux fois.

— Il suffit de l'être une.

— J'avoue continua Hermann, qu'avec ces animaux, on n'est jamais sûr de rien. Par exemple, j'ai une sœur qui entrait dans la cage des lions avec moi et cela dès l'âge...

Leurs majestés léonines.

— Tous les âges sont tendres pour les lions, murmurai-je en forme de parenthèse.

— C'est vrai, répondit le dompteur. Je poursuis.

Ma sœur finit par entrer seule dans la cage de nos pensionnaires, et même par s'y plaire. Un jour qu'elle distribuait de la viande aux bêtes, elle en laissa tomber un morceau. Elle voulut le ramasser; mais un des lions s'en empara au même moment et les griffes de l'animal rencontrèrent le bras de ma sœur, qui fut ouvert en trois endroits... Ce n'était pas méchanceté de la part du lion et je suis sûr qu'il aurait été le premier à regretter sa maladresse. Ma sœur s'évanouit et faillit perdre le bras. Depuis elle n'a voulu entrer ni seule ni en compagnie dans la cage d'aucune bête... C'est étonnant comme les hommes ont peur des animaux féroces.

— Oui, c'est étonnant; aussi l'art de les dompter et de les dresser compte-t-il peu d'amateurs, contrairement à l'art de jouer du piano, par exemple qui en compte partout en si grand nombre.

— Pourtant, répliqua Hermann en sortant tranquillement de la cage pour venir auprès de moi, j'ai reçu il n'y a pas très longtemps la visite d'un Anglais dix fois millionnaire qui, fatigué de tous les plaisirs du monde, voulait pour se distraire dompter des animaux féroces. Il me demanda ce qu'il fallait faire. De même, lui dis-je, que, d'après les sages préceptes de la cuisinière bourgeoise pour faire un civet de lièvre il faut d'abord un lièvre, de même pour dompter les animaux féroces, il faut avant tout des animaux féroces.

— C'est juste, me dit le fils d'Albion. Où en vend-on?

— Vous en trouverez un assortiment complet, en

tout temps, chez M. Crémieux, à Marseille, à Londres,
à Bordeaux, et chez M. Hébert, au Havre. Ce dernier,
il est vrai, est à peu près retiré des fauves mais il
pourra vous diriger dans vos achats. Voyez-le: c'est
un aimable homme, dompteur lui-même et le plus
obligeant des marchands de bêtes féroces que je connaisse.

— Et qu'est devenu votre Anglais? demandai-je à
Hermann.

— Rien, me répondit-il. Chez lui c'était caprice
d'homme blasé et non vocation d'artiste. Le jour même
où il prit dans ma ménagerie, sa première leçon, s'é-
tant trop approché de cette petite lionne que vous voyez
là — une excellente bête s'il en fut — elle reconnut
immédiatement à son air emprunté qu'il n'était pas
dompteur et elle lui déchira la joue d'un gracieux
coup de griffe lancé promptement à travers les barreaux. Il n'en fallut pas davantage pour le dégoûter
des animaux. Je ne l'ai plus revu.

— Il y a des hommes qui n'ont aucune persistance
dans la volonté. Je me flatte de ne pas leur ressembler.

— Ainsi, monsieur, vous désirez prendre des leçons
de bêtes féroces, et vous vous sentez la ferme résolution de persister?

— Oui, je me sens la ferme résolution de ne point
prendre de pareilles leçons. Mais permettez-moi de revenir à la question. D'après ce que vous m'avez dit
de votre Anglais, les bêtes féroces reconnaîtraient à
première vue les dompteurs véritables des dompteurs
d'occasion, les artistes des amateurs?

— Parfaitement comme un cheval sent si celui qui le monte est cavalier ou ne l'est pas. Les lions surtout qui sont très intelligents, s'amusent beaucoup de la frayeur qu'ils inspirent et ils en rient souvent.

— Comment, ils en rient?

— Certainement et je les ai vus se moquer d'un vantard qui, après avoir dit que mes lions étaient empaillés (une vieille plaisanterie), offrit d'entrer dans leur cage en tout temps et partout. Je l'en mis au défi. Des paris furent engagés. Au moment de s'exécuter, mon homme donna des signes non équivoques de défaillance; il devint pâle, balbutia quelques mots sur la reconnaissance du lion d'Androclès, sur la générosité de la lionne de Florence, et finalement me pria de l'assister. « Soit, lui dis-je, j'entrerai dans la cage avec vous. » J'ouvris la grille et, me conformant aux lois de la politesse, je lui fis signe de passer le premier. « Après vous, » me dit il en tremblant. J'entrai et il n'entra point. Mes animaux qui avaient tout compris le regardèrent avec mépris. Le mépris fit place à une hilarité générale lorsque le poltron crut se tirer d'affaire par un trait d'esprit renouvelé d'Ésope: « J'ai parié, dit-il, d'entrer dans la cage aux lions, mais je n'ai point parié de m'y trouver avec eux: faites sortir vos pensionnaires, et quand la cage sera vide, je m'y introduirai volontiers. » Toutes les personnes présentes partirent d'un éclat de rire, et mes animaux les imitèrent à leur manière, sautant dans leur cage comme des chèvres qui auraient mangé des caféiers, faisant mine de vouloir dévorer le fâcheux

qui les avait insultés, grognant d'un grognement
ironique, et fronçant facétieusement leur museau. Je

La parade du dompteur.

n'ai jamais vu d'animaux féroces aussi gais que ceux-
là, à ce moment.

— Et, demandai-je à Hermann si cet homme était

entré dans leur cage, croyez-vous que les lions l'eussent dévoré?

— Je suis à peu près sûr que oui, me dit le jeune dompteur. Aussi pour les indemniser, leur ai-je fait manger un loup vivant que j'avais acheté cinquante francs la veille.

— Un loup ne vaut pas un homme comme délicatesse de chair et vos lions y ont perdu.

— Sans doute, répondit Hermann d'un air pénétré; mais il faut savoir se contenter de ce qu'on a. Ce n'en fut pas moins pour ces rois du désert, si friands de la chair vivante, un régal dont ils se souviennent encore aujourd'hui. Pauvre loup! ce fut l'affaire de quelques secondes. Aux gens qui n'aiment pas les morts lentes, je conseillerai les lions.

— Ne pourriez-vous pas adoucir la captivité de vos animaux habitués aux horizons sans limite de Dembo et des monts Lupata, en leur donnant de temps en temps, comme vous avez fait ce jour-là un animal vivant à croquer, au lieu de ces viandes mortes qu'on décroche tardivement d'un étal de quatrième catégorie, et qui semblent tout au plus dignes de figurer dans l'ordinaire ou d'un chacal?

— Ah! monsieur, me dit Hermann, vous venez de toucher un des points les plus délicats des ménageries. Il n'est pas douteux comme le dit, dans la *Comédie des animaux*, le poète Méry qui lui-même doit être dompteur, si j'en juge par la manière dont il parle des lions et des tigres, il n'est pas douteux que la nourriture parcimonieuse et mal comprise, offerte au lion captif, soit un long assassinat commis par l'homme sur le roi du désert. Mais dans quel embarras ne nous trouvons-nous pas !

Le lion n'aime que la chair vive et abondante, c'est vrai ; mais si on le sert suivant les besoins de sa nature, on donne à ses muscles, à son sang, à tout son corps une puissance formidable, qui demande à être exercée par une activité de tous les instants. Le lion convenablement repu s'agitera dans sa cage, tordra ses grilles sous ses quarante dents, et se brisera le front pour s'échapper de sa prison de fer. En vérité, je le répète avec mon confrère Méry, la solution du problème est difficile. Toutefois, ici comme partout, la sagesse est dans le juste milieu : je donne à mes lions une pâture suffisante de viande morte, et aux grandes fêtes et pour l'anniversaire de ma naissance, soit quelques coqs, soit des lapins, soit des agneaux ou des chevreaux tout vivants ; ceci, bien entendu, sans préjudice des bonnes aubaines imprévues, comme par exemple quelque amateur imprudent.

— Pourquoi, repris-je, ces amateurs sont-ils si rares ?

Hermann fit un geste qui voulait dire : C'est regrettable.

Au même moment, et comme si les lions s'associaient à la parole de leur maître, ils se mirent à rugir effroyablement et à s'agiter en tous sens dans leur étroite prison.

— Qu'ont-ils ? demandai-je au dompteur.

— Ils sont un peu énervés aujourd'hui. Le temps est à l'orage et cela les agace. Je vais pour les distraire leur donner quelques têtes de mouton à croquer.

On apporta des têtes de mouton qui furent croquées par les lions comme nous mangeons des dragées.

— Je vous ai dit, reprit Hermann, que les lions se sentent mal à l'aise lorsque le ciel est trop chargé d'électricité. En effet, les ennuis que les dompteurs ont eus à supporter de la part de leurs animaux, ces ennuis leur sont à tous venus par un temps d'orage.

— Mais il me semble que les dompteurs auxquels vous venez de faire allusion ont tous été dévorés.

— A peu près.

— Et c'est ce que vous appelez leurs *ennuis*? Très bien! il ne s'agit que de s'entendre. Eh bien! continuai-je, ce qui m'étonne, ce n'est pas que ces malheureux aient été dévorés par des bêtes fauves un jour d'orage, c'est que vous ne le soyez pas tous et par tous les temps; c'est qu'en entrant ils vous obéissent à la cravache et s'abaissent au rôle de caniche pour exécuter des tours d'adresse, d'agilité ou de complaisance, comme un certain lion de la troupe Crockett qui s'accroche aux barreaux de la cage et fait le méchant pour la terreur et l'amusement du public. Évidemment, ce lion est le comique de la troupe. Comment un semblable résultat se peut-il obtenir? Est-ce par la privation de nourriture? par la privation du sommeil? par le magnétisme? par le spiritisme? par le fer rouge ou par l'emploi des stupéfiants?

— Il n'y a de stupéfiant, me répondit Hermann, que les bruits absurdes sur les moyens qu'on nous prête. A entendre certaines personnes, tout notre secret consisterait dans quelques formules, et elles attendent chaque jour *l'Art d'élever les lions et de s'en faire trois mille livres de rente*, comme on a écrit dans ce même but *l'Art d'élever les lapins*.

— Comment, il n'existe aucun secret pour dompter les bêtes féroces?

— Non, monsieur, et chacun de nous agit suivant sa propre inspiration, appuyé par l'expérience et l'observation des caractères sur lesquels on doit opérer; car il en est des lions, des tigres, des hyènes et des ours comme des hommes; chaque animal a son tempérament, ses aptitudes, ses côtés faibles et ses côtés indomptables. On se ferait manger si on voulait exiger de tel lion, par exemple, ce qu'on obtient aisément de tel autre. Il y en a même dont on n'a jamais pu dompter la férocité, et qui ne sont propres qu'à orner les cages du jardin des plantes. D'autres, tout en se laissant dominer par l'ascendant de l'homme, conservent leur esprit grognard et grognent tout en se soumettant. C'est à de semblables lions qu'on fait jouer, comme vous le disiez tout à l'heure, des rôles de comique dans la troupe.

— Très bien; mais il est de toute nécessité, avant d'entrer une première fois dans la cage d'un animal quelconque, d'être à peu près sûr qu'on en sortira au moins à peu près entier. Voyons, je suppose qu'un de ces aimables marchands de bêtes féroces comme vous en connaissez vous expédie, avec prière de le faire sauter dans des cerceaux, un échantillon de sa marchandise nouvellement débarquée, comment ferez-vous?

— C'est assez embarrassant à vous expliquer; mais je vais essayer, pour vous être agréable. Si le lion a été pris tout jeune, la chose est plus facile; elle est difficile et peut-être dangereuse si le lion a été pris adulte. Supposons-le adulte, pour rendre l'explication plus complète. D'abord je me présente aux barreaux de sa cage, et j'étudie son regard et ses gestes, cherchant à deviner ce qu'il pense. Grâce à mon expérience (je suis fils de dompteur et gendre de Smith, le marchand d'animaux), je surprends bientôt les secrets de l'animal. On a dit que les yeux étaient le miroir de l'âme; cela est plus vrai pour les lions que pour les hommes habitués à la dissimulation. Si je suppose l'animal d'un caractère tout à fait indomptable, ce qui est rare, je le laisse de côté. Si au contraire il est domptable et avide de chair vivante, je l'*entreprends*.

Pendant deux ou trois jours, je me montre fréquemment à lui et je lui parle haut en lui donnant à manger. Je fais sa connaissance sans me montrer encore trop familier. Quand je juge le moment venu, je le caresse avec précaution au travers des barreaux. Il veut me dévorer la main, et je lui allonge quelques coups de cravache. Il n'y est pas plus sensible physiquement qu'un âne ne le serait à un coup de bonnet de coton; mais cela l'humilie et me grandit à ses yeux. Pour lui prouver que je ne lui garde pas rancune et que je ne demande pas mieux que de vivre en bonne intelligence avec lui, je lui fais de doux reproches et je lui donne à manger. Comme le premier pas, il n'y a que la première caresse qui coûte. Bientôt j'entr'ouvre la grille de sa prison et je lui fais comprendre qu'il ne serait pas impossible que j'allasse lui faire une petite visite *at home*, comme disent les Anglais.

Le lion ne bouge pas d'ordinaire ; il s'étonne de ma témérité, se sentant cent fois plus fort que moi, et prend quelque respect de mon individu. Mais ce respect, fruit de la réflexion, fait bientôt place à la férocité naturelle, et, sans plus réfléchir, le lion bondit vers moi. Comme j'ai prévu ce mouvement, je n'ai pas perdu de vue la porte de la cage, que je ferme sans façon au nez de l'animal, en lui cinglant le museau de quelques coups de cravache. Cette seconde humiliation est plus vive encore que la première. Le lion est dérouté de se voir affronter de la sorte par un petit animal à deux pattes, si faible que, pour le briser, un seul coup de sa queue suffirait. Ah ! s'il était libre, il n'hésiterait pas à punir l'insolent ! mais il se voit emprisonné et il se sent vaincu.

Sous l'empire de l'ascendant que je viens d'exercer sur lui, peut-être signerions-nous un pacte amical s'il était moins carnassier ; mais je représente un succulent repas. En conséquence, je remets à un autre jour le plaisir d'entrer dans la cage. Comme dans mes précédentes visites, j'ai soin de lui parler haut, afin qu'il reconnaisse ma voix, et je lui donne à manger pour lui faire sentir que je ne veux pas qu'il se nourrisse

directement de moi et que je puis indirectement le
nourrir d'autres comestibles.

— Le lion ne vous garde-t-il pas rancune ?

— Du tout. Il mange sans se faire prier, me regarde en cherchant à pénétrer mes intentions, et finit
par me bâiller au nez comme on ne bâille qu'en Amérique aux sermons des quakers. Je le caresse à travers
les barreaux, et sans aucune provocation de sa part,
au moment où il doit le moins s'y attendre, je le cravache rigoureusement. C'est injuste ; mais cela donne
à réfléchir à la bête, qui me considère comme un tyran capricieux et ne sait plus comment me prendre.

— Je me plais à penser, interrompis-je, que messieurs les animaux féroces ne vous prendront jamais
d'aucune façon.

— Ah ! dit tranquillement Hermann, on ne fait pas
d'omelettes sans casser des œufs.

Et il me montra sur ses bras, sur ses jambes et sur
le cou, les profondes empreintes de la mâchoire léo-
nine.

Il continua :

— La première fois que j'entre dans la cage du lion
que j'ai supposé domptable, mais dans les conditions
les plus difficiles, j'ai soin de me munir d'une planchette qui me servira de bouclier au besoin, en me
dérobant en partie à la vue de l'animal. J'entre résolument (avant tout il faut être résolu, car la crainte
ce serait la mort), et je fais entendre ma voix. Le lion
me reconnaît parfaitement, et il se consulte. D'un côté,
il se souvient de la viande et des coups de cravache

que je lui ai donnés ; d'un autre côté, il me voit enfermé dans sa cage, et il se dit avec raison que jamais
plus belle occasion ne s'est offerte à lui de punir ma
témérité, en dinant comme on ne dine pas plus agréablement à la Maison Dorée. Quand il s'agit de leur
estomac, l'indécision est toujours de courte durée chez
les animaux féroces. Le lion veut me terrasser.

J'appuie aussitôt par terre la planchette par laquelle
je m'abrite, en reculant d'un pas et en faisant jouer
ma cravache avec plus de vigueur et d'entrain que
jamais. Le lion qui a manqué son coup, ferme les yeux
à demi, grogne et mordille le bout de ma cravache. Je
profite de ce moment de confusion pour me découvrir
à lui de nouveau, le regardant fixement, me tenant droit
comme un *i*, dans une pose de tambour-major outragé.
La bête grogne toujours sans avancer. Je la provoque
hardiment, car encore une fois le salut est dans l'au-
dace, et je lui prodigue de nombreux coups de cravache
en lui parlant à haute voix. Si elle revient à la charge,
j'exécute de nouveau la manœuvre que vous savez ; si
elle continue de battre en retraite en grimaçant à distance, je prends cette fois l'attitude d'un tambour-major reconnaissant, et je lui envoie un morceau de
bœuf que le lion accepte comme une fiche de consola-
tion.

A partir de ce moment, l'animal peut être considéré comme dompté, quoiqu'il reste dangereux plus
ou moins longtemps encore. Je n'ai plus qu'à continuer mes visites dans la cage de l'animal qui finit
par m'accueillir comme un chien accueille son maitre.

Vous le voyez, monsieur, il n'y a dans tout cela ni fer rouge, ni magnétisme, ni spiritisme, pas plus que de stupéfiants.

— Je croyais, dis-je à Hermann, que l'homme exerçait avec le regard une sorte de fascination sur les bêtes fauves.

— C'est un peu vrai, me répondit le dompteur, et j'en ai eu une preuve nouvelle ces jours derniers. J'ai voulu faire une expérience hardie ; j'ai voulu voir si mes lions oseraient s'emparer d'un chevreau que je tiendrais dans mes bras. J'ai pris le chevreau et je suis entré dans la cage de mes bêtes. A la vue de cette proie délicate, mes lions bondirent avec une violence extrême, et firent mine à distance de vouloir tout dévorer. Ma cravache les mit à la raison sans diminuer leur impatience. Je leur passai le chevreau vivant sous le nez, comme je fouaille leur museau avec des lanières de bifteck ; je ne les ai jamais vus plus animés, et pourtant plus respectueux.

Mon expérience avait donc parfaitement réussi, lorsque, ayant tourné un instant la tête pour répondre à une question qui m'était adressée, une lionne en profita pour m'arracher des bras le chevreau qui fut broyé d'un seul coup de griffe. Je me précipitai sur elle et je repris le chevreau, en lui lançant un regard courroucé. La fascination reprit son empire, et force resta, comme on dit, à l'autorité. Depuis, j'ai renouvelé mon expérience qui a toujours parfaitement réussi et j'espère bientôt pouvoir offrir ce spectacle au public.

Je remerciai le dompteur de ses explications, et je le priai de les compléter en me disant comment on parvient, après avoir dompté les animaux féroces, à leur donner ces petits talents de société que nous admirons.

— Volontiers, me répondit Hermann. Le lion, je le répète, est très intelligent. Une fois qu'il est dompté, on procède avec lui comme on procéderait avec de simples caniches. Ainsi, s'il s'agit de le faire sauter dans un cercle, on pourra arriver à ce résultat en divi-

Le Lion.

sant sa cage en deux compartiments ne communiquant entre eux que par un trou de la largeur d'un cercle. On lui fait voir de la viande dont il s'empare en passant par la petite ouverture. Quand il a mangé la viande, on l'oblige à repasser par le même trou, en lui appliquant des coups de cravache. Plus tard, on prend un cercle à la main et on use des mêmes moyens, viande et cravache, pour lui faire exécuter cette manœuvre. Il finit par comprendre ce qu'on exige de lui, et il se soumet. Le talent du professeur de bêtes féroces, comme celui de tous les autres professeurs, consiste à reconnaître l'aptitude de ses élèves et à agir en conséquence. Il y a des spécialistes chez les lions comme chez les hommes; il faut donc classer les individus suivant leur vocation, leurs facultés, leur tempérament et leur degré d'intelligence. Vous savez maintenant, en théorie, à peu près tout ce qu'on peut savoir sur l'art de dompter et d'éduquer les bêtes féroces. Reste l'expérience, qui est la science du praticien. Vous pouvez donc, dès aujourd'hui, aspirer à devenir dompteur comme M. Méry, si cela vous est agréable.

— Cela ne m'est pas agréable du tout répondis-je, et je me tiendrai à la théorie.

J'avais appris tout ce qui concernait l'éducation de lions, mais l'homme est insatiable dans sa curiosité. Je voulus savoir comment il était parvenu à dompter l'ours blanc.

— Je ne l'ai point dompté, me dit Hermann.

— Mais vous entrez dans sa cage.

— C'est bien différent.

— Mais alors il vous dévorera un de ces jours.

— C'est bien possible, et je ne voudrais pas répondre du contraire. Regardez ses yeux ternes sur ce masque blanc, au front fuyant, et dites vous-même s'il peut y avoir quelque chose de bon à attendre d'un pareil être.

— A la bonne heure! Mais pour ne pas être dévoré

par ce stupide animal, il vous faut recourir à un moyen.

— Le moyen est des plus simples. Ayant lu dans des relations de voyage que des marins ont pu s'échapper des griffes de l'ours blanc en lui jetant leur chapeau ou leur veste, sur lesquels l'animal inintelligent se précipitait aussitôt, j'ai imité cet exemple. Toute ma méthode est là; je lui jette de la viande en ayant soin de tenir une table entre sa personne et la mienne. Tant que j'ai de la viande à lui donner, je reste dans sa cage; je le salue respectueusement pendant qu'il dévore gloutonnement la dernière entrecôte, bien persuadé que rien au monde ne l'empêcherait de me manger à mon tour. L'ours blanc ne choisit pas; il mange indistinctement ce qu'on lui jette et celui qui le lui jette.

Quand on a vu Hermann et son ours blanc, aux allures sinistres, à la voracité impétueuse, aux grognements étranglés, on ne doute pas de la justesse de ma question.

Les fauves sont assez souvent malades, le régime de la cage étant essentiellement contraire à leur nature. Les soigner n'est pas chose facile et peut devenir fort dangereux.

Le propriétaire d'une ménagerie, inquiet sur l'état de santé de l'un de ses lions, demanda pour lui une consultation de médecin. Mais le client n'avait pas l'air commode et les hommes de la science avant de chercher à prolonger les jours du roi du désert pensèrent qu'ils devaient conserver les leurs. Ils refusèrent tous d'aller dans sa cage tâter le pouls du terrible animal et lui demander de tirer sa langue. Mais le corps médical compte des héros de toutes sortes et il se trouva à Vitry-le-François un vétérinaire militaire et un docteur en médecine, qui osèrent se rendre auprès du malade, chez lui. Rendez-vous fut pris et à l'heure fixée les deux hardis praticiens se trouvèrent en présence de leur malade qui paraissait avoir un commencement de maladie de poitrine. Le fait est tout récent et voici comment il a été raconté :

Le lion, une superbe bête de quatre ans, geignait vaincu par le mal. Le dompteur ouvrit la cage dans laquelle pénétrèrent bravement les deux praticiens.

Le fauve malade les regarda de travers. Pourtant il se laissa approcher, mais quand le docteur voulut coller son oreille contre son flanc, la familiarité lui parut probablement déplacée. Il gronda d'une façon si peu rassurante en faisant claquer ses formidables mâchoires que les intrus reculèrent. Il fallait renoncer à l'auscultation.

On ne contrarie pas un client qui a la dent prompte et la griffe légère lorsqu'on l'agace.

A défaut de ce moyen d'investigation, les augures, sans trop perdre de leur sang-froid, tinrent consultation dans la cage.

On regarda la langue du malade; on se risqua à le palper pendant qu'avec une barre de fer le dompteur le tenait en respect; enfin on décida qu'il fallait à un point indiqué raser la toison du fauve pour lui appliquer un révulsif.

L'ordonnance fut exécutée; et le lion s'en trouva si bien que, depuis, il a l'air d'avoir de la reconnaissance pour ses sauveurs.

Je ne crois pas cependant que ces derniers s'y fient au point de rentrer seuls dans la cage pour réclamer leurs honoraires.

Maintenant que nous savons, ou à peu près, par quels moyens l'homme parvient à domestiquer plus ou moins les animaux qui semblent les moins faits pour vivre avec lui en société, voyons un peu comment, par quel art culinaire, le roi de la création est arrivé à pouvoir se nourrir de la chair de certaines bêtes féroces qui n'entrent généralement pas dans notre alimentation, M. G. Husson (de Toul) va nous renseigner à ce sujet.

Le lion, nous dit-il, est mangé par les Hottentots, ainsi que par les Arabes qui vivent entre Tunis et Alger. Ils attachent une grande importance au cœur, non pas à cause de la délicatesse de l'aliment, mais à cause des propriétés merveilleuses qu'ils lui attribuent. Aussi dès qu'un lion est tué et dépouillé, sa chair est divisée, et les femmes se disputent pour avoir chacune un petit morceau du cœur qu'elles donnent à leurs fils afin de les rendre forts et courageux. Le lion est mangé rôti sur des tisons ardents.

On dit que le tigre est indomptable et qu'il ne faut jamais s'y fier. Je le croirais volontiers. Mais comment concilier cette opinion avec ce que nous conte Barras dans ses Mémoires qui viennent d'être publiés. A seize ans, Barras entrait au régiment du Languedoc comme cadet gentilhomme. Son brevet d'officier obtenu, il partit pour Pondichéry où un de ses parents commandait. A Pondichéry il assista au siège de cette ville par les Anglais (1778), siège qui dura soixante jours et où les Français durent se rendre, écrasés par le nombre. L'armée fut conduite à Madras, où Barras put voir la cour du nabab d'Arcate que les Anglais retenaient sans façon prisonnier dans son palais. Quand il sortait, raconte Barras, je cite textuellement : « Sa » voiture était précédée de superbes tigres tenus en » laisse par de simples rubans et conduits par des In- » diens vêtus de blanc. »

Voilà assurément un spectacle fort curieux et qui tendrait bien à prouver que le tigre n'est pas si indomptable qu'on le dit. Mais en France nous n'avons pas encore trouvé le secret de conduire les tigres en laisse comme de simples caniches.

Les Malais de Singapour mangent du tigre, rôti ou en hachis; non point parce qu'ils trouvent le tigre savoureux, mais parce qu'ils supposent que sa chair les rendra forts et rusés comme lui.

Les biftecks de jaguar sont, au dire de M. Wallace, un mets exquis.

Les panthères de Java sont, parait il, fort recherchées en pâtés, façon Jullien.

L'ours est fort goûté, même en Europe. Pétronius, dans son fameux récit du diner de Trimalchio, raconte les impressions d'un homme qui arrivant pour le dessert, décrit ainsi ce qu'il a mangé :

« Nous avions un quartier d'ours que ma femme s'est empressée de goûter.

» Pour moi, j'en mangeai plus d'une livre, car il

Les panthères de Java sont, paraît-il, fort recherchées en pâtés, façon Jullien.

me semblait que c'était du sanglier, et, pour ma part, je trouve que si l'ours mange l'homme, l'homme a bien le droit de manger l'ours. »

De la saucisse faite avec le foie est regardée en Allemagne comme un mets d'une délicatesse extrême,

D'après les expériences récentes faites à Berlin, il paraît que la saucisse de foie provenant d'autres animaux ne peut être bonne qu'en y mêlant du foie d'ours fortement épicé. Dans quelques États d'Amérique, où les ours sont abondants, on mange la chair de ces animaux simplement grillée et relevée par quelques épices; mais, pour les Allemands, les pattes salées font un mets princier.

Les langues et les jambons jouissent aussi d'une grande réputation, malheureusement il est difficile de s'en procurer.

Les Japonais accommodent très bien une espèce d'ours noir que l'on trouve en grandes troupes dans l'île d'Yéso.

Les Esquimaux estiment beaucoup la chair de l'ours du pôle, mangée sous forme de bifteck; ils la préfèrent à celle du veau marin et à celle du renne.

La viande de *mephites americana* est très bonne, à la condition de ne pas répandre sur la carcasse de l'animal le liquide infectant que l'on trouve en dépouillant cette variété d'ours.

Les Parisiens connaissent, hélas! le goût de la chair de l'éléphant. Beaucoup de ceux qui se trouvaient à Paris pendant l'année terrible en ont mangé, par deux raisons : la première c'est qu'on était rationné surtout; la deuxième c'est qu'on en était réduit à manger tout ce qui pouvait s'avaler et se digérer. Nous avons mangé de l'éléphant ; sa chair est rose comme du saumon et tendre comme le plus tendre filet de bœuf.

Je n'ai pas besoin de dire que lorsque les animaux féroces ou non si bien mangés par les hommes peuvent à leur tour nous manger, ou simplement nous tuer, ils ne se gênent point.

Du rapport officiel relatant la mortalité des hommes par les bêtes de toutes sortes dans le monde entier mais pour une seule année, il résulte que :

889 personnes ont été tuées			par les tigres,
526	—	—	par les loups,
239	—	—	par les léopards,
75	—	—	par les ours,
58	—	—	par les éléphants,
8	—	—	par les hyènes,
1,322	—	—	par les alligators,
18,670	—	—	par les serpents,

soit un total d'environ **22,000** victimes.

Messieurs les animaux trouveront peut-être que ce n'est pas encore assez. Il nous est permis de ne pas penser comme eux, et de trouver que c'est beaucoup trop, au contraire.

IX

JEUX CRUELS. LES COMBATS D'HOMMES AU JAPON. ANIMAUX INVENTEURS. ANIMAUX PROPRIÉTAIRES. L'AGE DES BÊTES. LE CHANT DU CYGNE.

Le célèbre écrivain anglais Cowley a fait cette remarque qu'on trouve chez l'homme l'image de toutes sortes d'animaux : le chien cajoleur, le lion rugissant, le renard astucieux, le loup voleur, le crocodile dissimulé et le vautour rapace.

Oui, l'homme possède en lui de tous les instincts et de toutes les qualités des animaux plus une qu'à leur honneur les bêtes n'ont point : la méchanceté.

J'appelle méchanceté ce penchant tout humain qui consiste à faire le mal pour le seul plaisir de le faire, à jouir d'une volupté diabolique des souffrances de tout être sensible, homme ou bête. L'animal tue pour se défendre ou pour se nourrir. L'homme seul de tous les êtres de la création aime à répandre le sang pour s'amuser. Combats de gladiateurs, combats de boxeurs,

combats de chiens, combats de coqs, courses de taureaux, voilà des spectacles tout humains avec le plaisir
de voir supplicier les condamnés à mort.

Les glorieux vainqueurs de la Chine, les Japonais,
avaient un jeu, — ils l'ont peut être encore — qui consistait en une lutte sanglante à laquelle le peuple
prenait un intérêt tout exceptionnel. Les lutteurs sont
des hommes aux formes herculéennes qui se donnent
par genre une tournure pesante pour imiter l'éléphant dans sa marche. Dans l'ancien Japon, les princes
et les grands dignitaires avaient des lutteurs attachés
à leur personne pour se procurer de temps à autre, le
plaisir de leur voir se défoncer mutuellement la poitrine et casser la mâchoire à coups de tête ou à coups
de poing. — Sans les gens nobles et riches disaient
les Japonais, que deviendraient les lutteurs?... Tant
il est vrai que dans tous les pays du monde les
grandes fortunes sont nécessaires pour faire aller le
commerce. Voici de quelle façon un officier américain faisant partie d'une expédition japonaise avant la
guerre récente sino-japonaise raconte une scène de
lutteurs à laquelle il a assisté. Il y avait vingt-cinq
lutteurs, tous d'une stature énorme, presque phénomé-
nale. Pour tout costume ils portaient une ceinture de
toile ornée de franges autour des reins. Sur cette ceinture était brodé l'emblème armorié des princes au service desquels ils appartenaient. Leur corps avait toute
l'ampleur de muscles et de chair qu'il est possible à
un homme d'atteindre. Les princes, leurs maîtres,
paraissaient fiers d'avoir à offrir à l'admiration du

public de semblables sujets. Quant à eux, ils se donnaient le plus possible les allures de l'éléphant.

Parmi ces lutteurs, il y en avait deux ou trois dont les noms étaient célèbres dans tout l'empire. Koyanagi, le lutteur en titre de la capitale, se promenait gravement, tout rempli de l'importance de ses redoutables fonctions. On insista pour que le commodore américain examinât avec attention les détails de sa massive structure, la fermeté de ses muscles, véritable réseau d'acier, et l'épaisseur extraordinaire de ses chairs.

Le commodore, après avoir palpé l'hercule dans le dos et sur la poitrine essaya de lui serrer le bras. Il trouva ce membre aussi dur que le marbre, il fut effrayé lorsque ayant passé sa main autour de son col, il sentit les plis monstrueux de sa chair qui pendait comme le fanon d'un bœuf gras. Le commodore salua en signe d'admiration le lutteur, qui lui répondit par un grognement formidable, plus semblable au grognement d'une bête fauve qu'à celui d'une créature humaine.

Au reste, ils étaient tous si charnus qu'ils ressemblaient à vingt-cinq masses informes. Leurs yeux et leurs nez étaient à peine visibles à travers le rempart de leurs joues bouffies. Leur carrure formidable était plutôt due au développement musculaire qu'à l'accumulation de la graisse. Ils étaient capables des tours de force qui exigent le plus de souplesse, comme on put s'en convaincre quelques moments plus tard.

En guise d'exercice préliminaire, ils se mirent à

transporter des sacs de riz qui devaient être embarqués dans quelques jours. Chaque homme en porta deux à chaque voyage. Ces sacs pesaient cent vingt-cinq livres chaque. Un des hercules prit un sac entre ses dents; un autre sans déposer sa charge, fit une série de culbutes avec autant d'aisance que s'il n'eût rien porté.

Après cette exhibition, qui n'avait d'autre but que de se préparer à des exercices plus sérieux, les hercules se disposèrent à la lutte. Ils avaient tous un certain nombre de domestiques à leurs ordres.

Plusieurs des lutteurs se firent donner un éventail et s'éventèrent pendant quelques instants. Enfin ils passèrent dans l'arène.

C'était un espace circulaire de douze pieds, dont le sol avait été soigneusement aplani. Les lutteurs après s'être divisés en deux camps, prirent leurs dispositions de combat. Ils frappèrent pesamment la terre du pied, exécutèrent quelques feintes, se défièrent du regard les uns les autres sans toutefois engager le combat. Leur but paraissait pour le moment de mettre simplement en relief leurs qualités musculaires.

Deux combattants prennent d'abord seuls part à la lutte. Après des feintes sans nombre, des piaffements d'impatience, ils s'enlacent dans les bras l'un de l'autre et s'efforcent de se terrasser. Leurs veines sont gonflées, leurs yeux sont injectés de sang, enfin l'un des lutteurs tombe lourdement sur le sol. On le croit mort, il n'est qu'à demi-asphyxié, et de nouveaux combattants prennent la place des deux premiers.

Cette autre lutte est plus originale. L'un des lutteurs, confiant dans la solidité de son estomac, reste impassible comme une muraille de chair pendant que l'autre lutteur, prenant sa course, va le frapper à coups de tête. La peau de son front en est déchirée et le sang inonde son visage; mais c'est à peine s'il a l'air de s'en apercevoir, et il attaque de nouveau son adversaire avec plus de furie que jamais, jusqu'à ce que, le crâne à peu près entièrement dénudé, il soit forcé de s'avouer vaincu. Quant à l'autre, au vainqueur, vérification faite il n'avait que deux côtes cassées.

Après ces deux lutteurs, il en vint de nouveaux et tout se passa comme nous venons de le dire, entre des luttes corps à corps et des combats à coups de tête. C'était horrible à voir mais plein d'attraits pour les nombreux spectateurs.

Certes, je n'entends pas dire que la vue du sang répandu soit le seul spectacle intéressant et du goût des hommes; mais il plaît à la grande masse, et c'était un délire de joie quand jadis, le jour de la Saint-Jean, on allumait partout en France de grands feux dans lesquels on jetait par dix, vingt et même cent à la fois, des chiens et des chats vivants. Les cris de douleur de ces animaux faisaient un concert dont tout le public s'esclaffait, hommes, femmes et enfants.

Avez-vous voyagé en Angleterre et connaissez-vous le *holing the duck*? Il y a de quoi rire, vous allez voir. On s'assemble dans un champ après avoir eu soin de se munir d'une planche et de clous. Chacun se met à l'œuvre avec une impatiente ardeur. L'œuvre consiste à clouer sur une planche un canard par les pattes et à creuser dans la terre un trou de cinq pouces de profondeur ; on dépose la planche au fond du trou et on la recouvre de terre de façon que la tête du canard se montre seulement à la surface.

C'est déjà bien drôle et ça fait bien rire de voir le canard enfoui dans la terre, retenu par les pattes en sang solidement clouées sur la planche, et qui pousse des cris pitoyables, mais peu mélodieux, c'est vrai. La farce s'accentue et le spectacle devient d'un entraînant irrésistible quand chacun ayant pris une canne ou un bâton quelconque, se bande les yeux, et cherche à abattre la tête de l'animal. Ce sont des éclats de rire inextinguibles jusqu'à ce que la tête du canard ait volé en l'air avec le bâton d'un plus adroit ou d'un plus heureux.

Ce jeu est aujourd'hui défendu, car en Angleterre comme en France il existe une loi protectrice des animaux et une société pour veiller à ce que cette loi ne soit pas toujours une lettre morte. Un jour que des mineurs de Wolsingham jouaient au *holing the duck*, un membre de la société protectrice des animaux, vit le jeu et courut avertir la police. Lorsque l'animal fut retiré de son trou, il était dans un état déplorable. Le sang sortait de son bec et de ses yeux ; on eut pitié de lui, et on le tua.

Le jeu du *holing the duke* est très ancien et passablement en usage dans cette partie de l'Angleterre, surtout pendant les fêtes que l'on appelle les *Towlaw sports*. Le *holing* est si bien passé dans les mœurs, qu'un jour, un avocat, plaidant en faveur d'un mauvais drôle qui avait sacrifié à ce jeu un grand nombre d'animaux, finit en disant :

« Mon client, chacun le sait, a un caractère très doux ; et puis, réfléchissez-y, messieurs, le *holing the duck* est d'une si grande antiquité ! »

Le jury, reconnaissant la vérité de cette dernière assertion, se hâta de renvoyer le prévenu. Nous avons en France nos jeux cruels comme ils ont les leurs en Angleterre. Pour les gens du monde élégant il y a le tir au pigeon où les sporstmen font montre de leur adresse en cassant à coups de fusil les ailes et les pattes de pauvres malheureux pigeons qu'on fait s'envoler ; eux qui pendant le siège de Paris, portaient notre âme sous leurs ailes.

Dans nos campagnes nous avons pour récréer nos aimables agriculteurs le tir à l'oie. Ce jeu était en grand honneur dans nos anciennes barrières de Paris. On suspend l'animal le cou entre deux perches de manière à ne laisser passer que la tête. Les amis de la franche gaîté armés de sabres ou de bâtons se font bander les yeux avec un mouchoir. Quand cette opération est faite, quand on s'est bien assuré que les joueurs ne trichent pas, que leurs yeux sont bien bandés, on les place à vingt pas de l'oie. A un signal donné, ils s'avancent en tâtonnant au milieu des rires étouffés des assistants, qui étouffent leurs rires pour ne pas guider les aimables farceurs dans leur chasse. Quand chacun se croit arrivé près de l'oie il décharge un énorme coup de sabre ou de bâton sur l'animal. On rit quand le joueur a manqué son coup ; on rit plus fort encore quand on voit la tête de l'animal se détacher du corps et aller tomber au loin ; et l'on porte en triomphe ce héros de la fête.

« Bête comme une oie. » Encore un de ces dictons que rien ne justifie, que tout dément, au contraire, M. Ch. Bataillard a réhabilité l'oie dans un mémoire qu'il a envoyé à l'Académie de Caen et qui est aussi juste que spirituel. Suivant cet habile avocat qui plaide avec autant de bonheur les causes de ses clients que celles des animaux, non seulement l'oie n'est pas bête, mais elle possède, au contraire, comme le grand Condé d'après Bossuet, toutes les qualités du cœur et de l'esprit. — Voltaire disait du corps et de l'esprit. L'amour maternel chez l'oie est très développé et pour défendre ses petits, l'oie ne recule devant aucun danger. Elle possède une grande mémoire locale et l'ingratitude n'est pas son défaut. Sur les bords du Don des troupes d'oies venant de l'extrême nord, ramènent leurs familles dans les habitations qui les ont hébergées l'hiver précédent. Les paysans reconnaissent les oies leur appartenant et en sont reconnus par elles. Au reste c'est chose reconnue que l'amitié de l'oie pour l'homme. Elle le reconnaît sous divers travestissements et le suit comme un chien. On a vu des oies *mourir de chagrin* d'être séparées de leur maître. Oscar Honoré, dans son livre, parle d'une oie qui conduisait à l'église sa maîtresse aveugle. Pendant toute la messe elle restait dans le quartier voisin et à la fin de l'office, venait reprendre la pauvre femme pour la reconduire au logis.

L'oie, nous le savons par nos ancêtres les Gaulois de Brennus sous les murs du Capitole, est la plus vigilante des sentinelles. Ajoutons qu'elle est incorruptible. Cherchez à déjouer la vigilance d'une oie en faction en lui offrant un manger de son goût ; non seulement elle n'acceptera pas, — elle connaît son *timeo Danaos* — mais flairant le danger, elle jette son cri d'alarme, qu'elle soit sacrée ou non.

Si les Romains ont dû à des oies la conservation du Capitole, au temps de Julien elles ont sauvé une de nos villes d'une attaque nocturne de l'ennemi. Cette ville était Argentoratum. Or, Argentoratum, c'est Strasbourg. Des fêtes, des institutions religieuses furent instituées à Rome en souvenir des oies vigilantes. Qu'a fait Strasbourg pour payer sa dette de reconnaissance envers les oies ? Elle les engraisse et les met en pâté ! Va pour les pâtés d'oie, car nous sommes carnivores pour manger de la chair ; mais les maltraiter inutilement, s'amuser à les tuer pour le seul plaisir de leur arracher la tête, voilà ce qui répugne à tout cœur pitoyable, à tout esprit juste.

Guidés par leur instinct, les animaux ont parfois fait des découvertes extrêmement précieuses pour l'homme. L'instinct des animaux, disait le grand Newton, ne peut être que l'effet d'une sagesse supérieure et impérissable. Sait-on que la source de Barèges fut indiquée par une brebis qui se frayait un chemin à travers la neige pour y aller boire ? Des chèvres allaient s'abreuver avec délices aux sources de Salies en Béarn, et on y mena boire ensuite les porcs qui fournirent les premiers jambons de Bayonne.

Ce fut aussi un porc qui découvrit les sources salées de Lunebourg, en Hanovre. Ces sources, d'où l'on tire par évaporation des quantités considérables de sel, firent la fortune du pays, qui, dans sa reconnaissance, érigea à l'inventeur, dans l'hôtel de ville, une espèce de mausolée.

Une caisse de verre, dans l'intérieur de ce bizarre monument, renferme un jambon très bien conservé, et, sur une tablette de marbre noir, se lit l'inscription suivante en latin et en lettres d'or :

« Passant, contemple ici les restes mortels du porc qui s'est acquis une gloire impérissable pour la découverte des sources salées de Lunebourg ! »

Quant à la source célèbre de Carlsbad, sa découverte est aussi due à un animal; non point grâce à son instinct cette fois. Ce fut un chien de la meute de l'empereur Charles IX qui y tomba par mégarde et s'y échauda.

Comme tout arrive et comme tout est contraste, on a vu des hommes se prendre d'un bel amour pour les animaux et en faire leurs héritiers, en dépit même quelquefois de leurs héritiers naturels. Nous avons sous les yeux plusieurs testaments faits en faveur d'animaux de plusieurs espèces qui se sont vus ainsi du jour au lendemain à la tête d'une belle fortune.

Le comte de la Mirandole, mort à Lucques, en 1825, légua toute sa fortune à une carpe (!) qu'il nourrissait depuis vingt ans dans une piscine antique.

En 1781, un meunier des environs de Toulouse écrit dans son testament : « J'institue mon héritier *Papillon*, mon âne à poils roux, mais je veux qu'il appartienne à mon neveu Guillaume, afin que ce dernier l'*étrille* chaque jour avec soin et le laisse reposer jusqu'à sa mort. »

La veuve d'Adam Dupuis, sieur de Roquemont, laisse toute sa fortune à ses trente-deux chats et indique minutieusement la manière de faire leur pâtée.

Avant de mourir, lord Bokkey fait appeler ses quatre chiens, qui s'installent dans des fauteuils autour de son lit ; il leur adresse ses derniers adieux, reçoit leurs caresses suprêmes et rend son âme entre... leurs pattes. Dans son testament, il ordonne que leurs bustes soient sculptés aux quatre coins de son tombeau.

Lady Henriette Cuffart formule ainsi ses dernières volontés :

« Je laisse à mon singe, mon cher et *spirituel* Jocko, cent mille francs ; — à mon fidèle chien Shock et à mon doux chat Tib, une pension annuelle de cinq mille livres sterling.

» Après leur mort, cette fortune reviendra *à ma fille Elisa Nikely, qui est fort pauvre !* »

Le docteur Christian, doyen de la faculté de Vienne, lègue à son chien favori, Cyrus, 6,000 florins et... SA BIBLIOTHÈQUE !

Enfin voici un riche planteur, mort il y a quelques années à Philadelphie et dont le testament dépasse en excentricité, en folie, tous ceux que nous venons de citer. Ce testament est ainsi conçu :

« Voulant reconnaitre le service que mon *terre-neuve Epaminondas* m'a rendu un jour que je me noyais, et voulant lui constituer une rente au profit de la gouvernante Betty, j'établis Betty nourrice, tutrice et *mère* de mon chien.

» Cette rente durera le temps seulement que vivra mon cher *terre neuve*. — Ma gouvernante touchera 75 fr. par jour, à partir du moment de ma mort.

» Mais le mois du trépas d'Epaminondas, elle recevra 615 fr. par jour, — le jour de sa mort 1,250 fr. par heure. — La dernière heure de la vie de mon pauvre chien (pas si pauvre) elle touchera 1,875 fr. par minute, — et par seconde de la dernière minute 2,500 fr...

» Notre notaire est chargé de veiller à l'exécution de ce testament. »

La reconnaissance de l'homme pour les chiens existe, on le voit, mais les exemples en sont rares. Ils sont infiniment plus communs de la part des chiens pour l'homme, et si les chiens ne leur laissent pas de fortune par testament, c'est qu'ils n'ont pas d'argent ; ils n'ont que leur cœur, et de cela, ils sont prodigues. J'en ai eu dernièrement la preuve et une preuve bien touchante.

Me trouvant en villégiature à Montivilliers, je vis un matin du côté de la *Lézarde* qui fait face à ma maisonnette, un jeune chien d'un beau poil noir. Deux gamins l'ayant aperçu s'empressèrent de lui jeter des pierres. Je changeai immédiatement les dispositions des deux gamins à l'égard du pauvre animal qui semblait avoir une patte cassée, en leur promettant à chacun une médaille de sauvetage sous la forme de deux sous s'ils me le ramenaient sain et sauf. Ce ne fut pas long et le sauvetage s'accomplit le plus heureusement du monde. Un des gamins se rendit auprès du chien, de l'autre côté de la rivière. Il attacha à l'anneau de son collier une ficelle que le second gamin, resté de l'autre côté de la rive, tenait à la main. Le pauvre chien qui, heureusement n'avait pas la patte cassée fut mis à l'eau avec de louables précautions. Le gamin qui tenait la ficelle la tira vers lui et l'animal atterrit sans encombre. Je l'accueillis comme un frère inférieur, je le séchai et lui donnai à manger. Il fut bien reçu par ma petite chienne Lili qui elle est la meilleure créature du monde. Bientôt l'étranger et elle furent une paire d'amis et jouèrent avec entrain. Ah! si tous les hommes avaient le cœur de ces deux chiens, la question sociale serait bientôt résolue. J'aurais gardé volontiers pour moi cet enfant perdu, qui se montra caressant, charmant de tous points. Mais il ne m'appartenait pas et j'étais sûr que ses maîtres le regrettaient. En conséquence je fis annoncer dans le journal de la localité, que j'avais recueilli chez moi l'animal et que je le tenais à la disposition de qui de droit.

Deux jours après la maîtresse du chien vint le réclamer.

— Turc, ma pauvre bête, enfin je te retrouve!

A ce nom de Turc qu'il savait être le sien, à cette voix douce aux caressantes inflexions, qu'il a immédiatement reconnu pour être celle de sa maitresse bien-aimée, le pauvre animal s'est livré à une de ces démonstrations de joie exubérante qui sont le partage des cœurs bien nés chez les « candidats à l'humanité » comme on a appelé ces honnêtes et fidèles compagnons de l'homme. On ne saurait suspecter leur sincérité, et la sincérité chez Turc se traduisait par de vives démonstrations. Mais que cette bonne bête ait fêté avec force transports d'allégresse la vue de sa maitresse qu'il pleurait et qui le regrettait, il n'y a rien là que de très ordinaire, quoique toujours touchant. Ce qui est plus remarquable et plus rare aussi, ce sont les remerciements de cet enfant perdu pour celui qui l'avait recueilli et protégé, ce sont les adieux vraiment attendrissants qu'il m'a faits au moment de quitter ma demeure pour rentrer chez lui. Quand j'ai eu, pour qu'il sortît avec sa maitresse, ouvert à Turc ma porte (qui n'est pas la Sublime Porte) savez-vous ce qu'il a fait ? Il s'est littéralement jeté dans mes bras. Il n'a point aboyé, les grandes joies comme les grands chagrins rendent muet, mais en silence il m'a tendrement embrassé. Ah ! ce n'était pas du bout des lèvres et par simple politesse, comme trop souvent chez les humains on s'acquitte d'un devoir de reconnaissance, c'était de tout cœur et de bon cœur. Si je n'avais modéré ses sentiments, c'est toute la langue qu'il m'aurait passée sur la joue, cette bonne langue qui ne mentit jamais. Quel tableau ! Nous étions là, tous plus ou moins attendris par les adieux de Turc, tous y compris Lili, — ma petite chienne —

qui, nous ne l'avons pas oublié, lui avait fait une si aimable réception au jour de malheur, et semblait prendre une part à tous ces doux transports. Moins émue que nous toutefois, elle s'est bornée à accompagner son ami d'un moment jusqu'à la porte de sortie en remuant la queue avec une modération relative, comme qui dirait :

— Je ne te dis pas adieu, camarade, mais au revoir et à bientôt, j'espère.

En le quittant je lui dis :

— Adieu, Turc, tu es jeune, tu es fort — naturellement comme un Turc, — que Mahomet t'accorde d'heureux et de longs jours sous la surveillance de tes excellents maîtres. Ne va plus te promener qu'avec leur permission. Quand on ne sait pas user de la liberté, quand on en abuse, en vérité, un doux esclavage vaut mieux que l'affranchissement.

Revenons au légataire Epaminondas.

Combien de temps a vécu monsieur Epaminondas après la clause qui établissait la gouvernante Betty nourrice, tutrice et mère de ce riche personnage à quatre pattes? Voilà ce que nous ne saurions dire. Mais l'âge des bêtes est connu et il est probable que malgré tous les soins qu'a pu et qu'a dû prodiguer madame ou mademoiselle Betty à l'heureux Epaminondas, celui-ci n'a pu vivre plus de vingt ans du jour de sa naissance. C'est en effet la limite d'âge des chiens. C'est aussi l'âge des loups, des ours et des porcs. Un renard vit — pour le plaisir des Anglais qui trouvent un si grand bonheur à les chasser — de quatorze à seize ans. Les lions vivent longtemps ; un lion du jardin zoologique de Londres a atteint l'âge de soixante-dix ans. Les écureuils et les lièvres vivent huit ans. Les lapins, quand ils ne reçoivent que par la nature — ce qui est rare — le coup du lapin, vivent sept ans. On a des preuves que les éléphants ont vécu quatre cents ans. Lorsque Alexandre le Grand eut vaincu le roi indien, Porus, il consacra au soleil un éléphant qui avait combattu courageusement pour ce roi et le nomma Ajax ; il le mit en liberté après lui avoir attaché une inscription. On retrouva l'animal, encore vivant trois cent cinquante ans plus tard. Le rhinocéros qu'on croirait taillé pour vivre longtemps ne vit que vingt-cinq ans. L'âge moyen d'un cheval est de vingt-cinq à trente ans, mais on a pu constater qu'un de ces animaux a vécu soixante-deux ans. Les vaches vivent vingt-cinq ans. Cuvier suppose que les baleines vivent mille ans. A ce compte les mémoires écrits d'une vieille baleine ne manqueraient pas d'intérêt. Les dauphins et les espadons atteignent l'âge de trente ans. Les pélicans vivent soixante ans ; les tortues vont jusqu'à cent, et un M. Mallerton possède le squelette d'un cygne qui a vécu trois cent sept ans.

Et puisque par les hasards de la plume, je viens d'écrire ce mot « cygne » qui rappelle tant de choses, tant de légendes curieuses et poétiques, je demande à vous entretenir quelques instants de ce gracieux oiseau d'Apollon.

Je ne me suis jamais arrêté au bord d'un lac peuplé de cygnes sans contempler la bande gracieuse de ces beaux oiseaux blancs dociles à la voix de ceux qui les appellent pour leur donner du pain. Et comme la perception d'un objet fait naître dans l'esprit les idées qui s'y rattachent, en voyant les cygnes dont le chant, d'après Buffon représente assez exactement ce qu'on appelé le *jurement du chat*, j'ai souvent et tout naturellement pensé à ce qu'ont dit les poètes de tous les âges et de tous les pays du chant de ce beau plumassé aquatique au moment où il va quitter ce monde pour un monde meilleur.

Le *chant du cygne* est une de ces légendes qui prouvent jusqu'à quel point une fausse idée, une observation mal faite, peut prendre racine et se perpétuer de génération en génération si elle est gracieuse ou si elle est de nature à servir des intérêts établis. Depuis six mille ans, les Grecs, les Latins et toutes les nations de l'Europe vantent avec enthousiasme la délicieuse voix de l'oiseau qui, par la beauté de son chant, séduisit la trop peu farouche Léda. Un des Pères de l'Église, saint Chrysostome, va jusqu'à attribuer au chant du cygne l'invention de l'harmonie. Or, le cygne n'a jamais chanté ni bien ni mal, ni en bonne santé, ni malade, et certes il n'a pas inventé l'harmonie.

L'abbé Arnaud ne craint pas, sous le rapport du cygne, de se mettre en désaccord avec saint Chrysostome. Il compare les accents de ce divin oiseau au son d'une clarinette embouchée par quelqu'un à qui cet instrument ne serait pas familier. Pour M. Valmont de Bomare, le cygne sauvage a une voix, mais on n'en ferait rien au Conservatoire. On entend *tou-hou* à plusieurs reprises ; le *hou* est d'un demi-ton au-dessus du *tou*. Comme la femelle, ajoute M. de Bomare, donne les deux mêmes sons, mais plus bas ou moins fort, quand le mâle et la femelle chantent ensemble, on dirait un bruit produit par deux trompettes de foire lorsque les enfants s'en amusent.

Comment le naturaliste grec Élien a-t-il pu donner créance à la petite histoire suivante :

Les habitations des régions du Nord avaient érigé un temple à Apollon. Dans ce temple, ils se réunissaient annuellement pour prier. Dès que les prêtres avaient commencé la cérémonie par une procession et par l'aspersion des eaux lustrales, une grande troupe de cygnes descendait du sommet des monts Riphées.

Après avoir paradé en l'air autour du temple, ils venaient se ranger en cercle devant le chœur, où ils prenaient gravement leur place entre les officiants et les musiciens. Là, les cygnes chantaient leur partie avec un ensemble parfait.

Les cygnes du naturaliste grec s'appelleraient aujourd'hui, en style familier, des *canards*. Mais s'il est vrai que les cygnes n'aient jamais chanté en mourant pas plus qu'en état de santé, cette fable du chant du cygne est aimable et poétique. A une époque, dit Georges Kastner dans son bel ouvrage sur les principaux mythes relatifs à l'incantation, à une époque où tant de mythes ont disparu, celui-là survit encore ; il gardera sa place parmi les fictions qui ne peuvent périr, parce qu'elles expriment une des croyances ou plutôt

un des sentiments éternels de l'humanité. C'est le culte
du génie luttant contre la douleur qu'explique la fable du cygne léguée par les sociétés antiques aux sociétés modernes, et comme un témoignage éloquent
des épreuves qui n'ont jamais manqué aux favoris de
la Muse. De nos jours encore, que d'occasions n'a-t-on
pas eues d'expliquer cette expression ! Que de cygnes
mourants n'avons-nous pas connus, depuis Mozart
écrivant son *Requiem* d'une main glacée, jusqu'à We-
ber exhalant son âme avec les mélodies d'*Obéron* ! Que
de noms, hélas ! nous pourrions citer, que de poétiques
deuils, que de victimes touchantes et inspirées nous
pourrions évoquer en ne consultant que les pages les
plus récentes de la poésie et de l'art ! Malfilâtre, Gil-
bert, Millevoye, Hégésippe Moreau, Escousse, Lebras,
Elisa Mercœur n'ont-ils pas aussi chanté sur le bord
de la tombe ! Châteaubriand, dans ses *Mémoires d'outre
tombe,* a écrit ce charmant passage : « Fontanes m'ap-
» prend qu'il faisait des vers en changeant d'exil. On
» ne peut jamais tout ravir au poète ; il emporte avec
» lui sa lyre. Laissez au cygne ses ailes, chaque soir
» des fleuves inconnus répèteront les plaintes mélodieu-
» ses qu'il eût mieux aimé faire entendre à l'Eurotas. »

Supprimez le chant du cygne, et vous ravissez à la
poésie une de ses plus douces et mélancoliques ima-
ges. Si, comme naturaliste, Buffon s'est vu forcé de
constater que le chant du cygne n'est guère autre
chose qu'un jurement de chat, comme écrivain il rend
hommage à cette fiction de l'imagination des Grecs.

« Il faut bien leur pardonner leurs fables ; elles

étaient aimables et touchantes ; elles valaient bien de tristes, d'arides vérités ; c'étaient de doux emblèmes pour les âmes sensibles. Les cygnes, sans doute, ne chantent point leur mort ; mais toujours, en parlant du dernier essor et des derniers élans d'un beau génie prêt à s'éteindre, on rappellera avec sentiment cette expression touchante : *C'est le chant du cygne.* »

Ecrivains réalistes, musiciens qui croyez remplacer les élans du cœur et les inventions de l'esprit par la science de l'harmonie et de l'instrumentation, — laquelle est le réalisme de l'art des sons, — méditez ces paroles et agissez en conséquence. Que votre *chant du cygne* ne soit ni un jurement de chat, ni un *tohou*, ni le son d'une fausse clarinette, mais une belle et touchante inspiration. La fiction, en ce cas comme en beaucoup d'autres, vaudra mieux que la réalité.

X

LES CONCERTS AÉRIENS & LES POISSONS CHANTEURS

De tout ce qui roucoule, de tout ce qui musique en
ce monde, l'homme seul chante désagréablement
quand il ne sait pas chanter, quand il n'a pas assoupli son organe vocal par le travail, le goût et la méthode.

Je l'avoue, rien ne m'égaie plus et ne remplit plus
délicieusement mon esprit que le chant, ou si vous
aimez mieux le ramage des oiseaux à la campagne,
aux premières lueurs de l'aurore. C'est vous dire que
je me lève de bon matin quand je suis aux champs.
Qu'ils sont joyeux et frais, ces concerts aériens, et
comme je partage les sentiments du cardinal Donnet
quand il écrivait si aimablement et si poétiquement
sur les gazouillements des petits chanteurs emplumés. « Leurs chants m'arrachent aux rêveries trop
sérieuses et font arriver à mon oreille une musique
incomparable. Évidemment Dieu les a faits pour nous,

et nous refuserions de leur payer un tribut de reconnaissance et d'amour! L'apôtre de la charité, saint Jean, qui avait reposé sur le cœur du bon maître, se délassait en jouant avec une perdrix. Saint François d'Assise, si austère dans la vie, aimait les petits oiseaux; il les appelait de sa voix la plus douce et, quand ils étaient réunis formant autour de lui un auditoire merveilleusement attentif, il les engageait à chanter les louanges de Dieu, puis les congédiait par de suaves paroles, dont ses amis les plus intimes se montraient presque jaloux. »

Voilà des paroles charmantes dans la bouche d'un dignitaire de l'Eglise. Hélas! l'Eglise n'a pas toujours professé des sentiments aussi tendres et aussi poétiques pour ceux auxquels « la Providence donne la pâture. » En lisant les lignes empreintes d'une grâce exquise, consacrées par l'ancien cardinal-archevêque de Bordeaux aux chanteurs aériens, je n'ai pu m'empêcher de me souvenir de certains concerts de petits oiseaux organisés jadis dans quelques églises catholiques.

A Anvers, par exemple, le jour de Saint-Commergue, on attachait un certain nombre d'oiseaux par la patte aux branches d'un arbre fraîchement coupé, et on plaçait cet arbre chargé d'oiseaux comme un cerisier de cerises, derrière la balustrade de la chapelle du saint en question. Tout le temps de la célébration de l'office divin, des enfants sautaient après cet arbre vivant, faisant comme s'ils voulaient attraper les oiseaux. Les malheureux petits captifs, affolés

Les musiciens du ciel.

d'épouvante, s'envolaient. Mais retenus par la patte, ils retombaient lourdement le long de l'arbre pour chercher à voler de nouveau, et fuir ceux qui les menaçaient. Dans leur agitation désordonnée, les pauvres emplumés s'embarrassaient dans les branches, se coupaient les pattes avec les fils qui les retenaient, et *chantaient* en désespérés mille roucoulements considérés comme célestes par les fidèles voués à l'adoration de saint Commergue. Evidemment, Bernardin de Saint-Pierre ne pensait pas aux concerts d'oiseaux dans les églises, lorsqu'il écrivit ces lignes: « Le respect que les nations portent aux oiseaux est un hommage indirect qu'elles rendent à la Providence. »

Le chant est-il inné chez les oiseaux? A cette question vous allez répondre affirmativement sans la moindre hésitation, car, direz-vous, on ne connaît pas l'Ambroise Thomas aérien qui dirige le conservatoire des oiseaux subventionnés par la Nature.

Eh bien, voici un savant, Daims Burrington qui n'est pas de notre avis. Il ne croit pas, lui, qu'ils doivent leur chant uniquement à la structure de leur bec ou de leur gosier. « Non, dit-il, le chant des oiseaux n'est pas inné chez eux; la diversité des ramages a la même origine que la diversité des langues humaines. » Voilà, certes, une opinion hardie et bien faite pour étonner le vulgaire. Mais ce qu'il y a de plus curieux, c'est que l'opinion de ce savant est confirmée plus ou moins par les observations d'un certain nombre de naturalistes. Que de mystères dans tout ce qui nous environne, et qui comprendra jamais quelque chose à quoi que ce soit !

Passons et disons qu'appris ou innés, les concerts de la gent aérienne ont été de tous temps, et resteront sans doute toujours, un sujet aimable digne des méditations du philosophe musicien, et propre à inspirer la muse de tout poète bucolique. Il faut lire dans le poème de *Philomèle*, longtemps attribué à Ovide, mais que Charles Nodier assure appartenir à la décadence des lettres latines, la grande symphonie de l'air par les musiciens à plumes.

Toutes les voix ne sont pas également mélodieuses, mais l'ensemble plaît aux oreilles en intéressant le cœur. La naïveté de la langue de l'abbé de Marolles, l'un des traducteurs de *Philomèle*, l'originalité de ses monotopées ajoute encore comme une sorte de voix musicale à l'ensemble des voix exposées dans le tableau du poète latin. Voyez plutôt :

« ... Toy seule, nonpareille Philomelle, tu es capable de chanter nuict et jour. Et quoy que la Mézange *tintine* toute la nuict, si est-ce que sa voix ne peut estre agréable à qui que ce soit. La Palare, on l'appelle aussi Drosta, fait ouïr à la vérité un son assez doux : mais, dès que le jour s'abbaisse, elle garde le silence, et se tient en repos. Le Merle accorde aussi sa voix à l'air de quelques chansons jolies ; mais aussi tost que la nuict approche, il ne sçaurait exprimer un seul couplet. Quand le printemps commence à eschauffer la terre, la Fauvette compose bien des chansons nouvelles, mais ce n'est qu'au matin, qu'elle *fredonne*. Tandis que la Grive *gringotte*, l'Estourneau *pisote* de son bec; mais ils ont oublié le soir ce qu'ils ont chanté le matin. Alors la Perdrix *caquate*, s'il faut ainsi parler, comme les Grecs l'ont appris aux Latins; l'Oye malicieuse *gratonne*, et la chaste Tourterelle *gémit* avec la Colombe. Le Ramier élève davantage sa voix sur les branches des arbres, il *plausonne*, comme on dit. Et la Cane, nageant sur les eaux, pousse un son fort enroué. La Grue *gruine*, et les Cygnes, assemblés par troupes le long des eaux, font un bruit comme le vent qui donne dans les toiles d'un vaisseau. L'Epervier *pialle* fort haut, aussi bien que l'Autour. Le Milan *lippe* en l'air aspirant toujours à quelque lippée sur la terre.

Le Coq a jour et nuit son haut *coqueliquais*;
Cocodaste a la Poule et le Paon *poupegais*;
L'Hirondelle *trinsote*, et, de l'aigre trompette,
L'Aigle imite le son quand le Vaultour *pulpette*.
Le noir Corbeau *croasse*: et le Geai gris et vert
Fringulote au Printemps, en Automne, en Hyver.
Le Passereau *pipie* en pleurant sa couvée.
Du sommet d'une tour la Cigongne élevée
Pousse d'un bec fort long sa *glottorante* voix.
Dans ces sortes de mots, nous n'avons pas le choix,
Ils sont peu dans l'usage, il est vrai, mais où prendre
D'autres termes plus beaux? il n'en faut point attendre.
Ils sont tous limités par le chant, le caquet
De chaque Oyseau de l'air; mais j'oy le Perroquet,
Qui de l'homme a la voix: il forme sa parole,
Il dit: Bonjour César; on l'admire, il s'envole.

» D'autre costé, la Pie *jasarde* exprime des voix diverses de son gosier, et dit fort plaisamment tout ce qu'elle entend, mais non pas sans faire beaucoup de bruit. Les Coucous s'appellent eux-mêmes de leur propre nom. Il semble que la Cigale *frissonne* quand elle se fait ouïr.

» L'Abeille *bourdonne* quand elle amasse les présents de son miel. Le Hibou *étourdit* d'un son, lequel ne porte aux hommes que les présages de malheur. La Choüette, qui ne se fait entendre que de nuict, et la Chauve-Souris, ont de petits cris aigus qui ressemblent aux grincements de dents. La Chevèche, qui fuit la lumière, imite dans les ténèbres le bruit du coucou redoublé en battant des ailes. Pour les Orfraies, ils *hurlent* en quelque sorte, et *chantent* d'une voix lugubre. Le Butor *bouffe* dans les eaux marescageuses. Le Roytelet, le Guespier et la Linotte, dont l'estomac est rouge, sçavent tous *gazouiller* sur un mesme modelle. »

La naïve piété de nos ancêtres ayant fait des oiseaux les « musiciens du ciel », les facteurs d'orgue d'église, à une certaine époque, s'appliquaient à introduire dans leurs instruments des jeux accessoires imitant le chant des oiseaux. Notre regretté Georges Kastner, dans l'un de ses ouvrages si remplis de documents souvent rares et toujours précieux, nous apprend que les organistes avaient recours à ces registres toutes les fois que le caractère de la fête religieuse qu'on célébrait en justifiait l'emploi. Ainsi le premier dimanche du mois de mai, l'organiste mettait en action les jeux du *coucou*, le *chant du rossignol*, autrement dit l'*avici-nium*, car ce jeu ayant été pris au sérieux avait reçu un nom scientifique. On donnait aussi quelquefois le nom de *merula* (merle) au registre de l'orgue qui imitait d'une manière générale le chant des oiseaux.

Au reste, le chant des oiseaux a été souvent imité à l'orchestre par les compositeurs de tous les pays. C'est Haydn qui, dans la deuxième partie de la *Création*, fait apparaître les oiseaux, depuis l'aigle qui, « d'un vol rapide fend les airs », jusqu'au rossignol aux traits brillants et rapides, en passant par le cri plaintif de l'alouette.

Monsigny, dans l'ouverture de l'opéra *Aline*, imite le concert des oiseaux par le moyen d'un flageolet, instrument qui ne figure pas habituellement dans l'orchestre.

On sait quelle lutte mélodieuse (un peu puérile, il faut en convenir), s'établit dans l'opéra le *Rossignol* entre la flûte et la prima donna. C'est un assaut de roulades qui valut à cette partition assez médiocre le succès dont elle a joui pendant un certain nombre d'années, un peu partout dans nos théâtres lyriques.

Ne se mêle-t-il pas des chants d'oiseaux dans le morceau symphonique d'*Orphée*, lors de l'entrée de l'amoureux roi de Thrace aux Champs-Élysées ?

Mais ici ce sont les bruits divers et fantastiques des bois sacrés de la Grèce, dont Gluck, admirablement inspiré, a voulu nous donner une idée.

Concert invisible et mystérieux ! Il nous dit que

tout aime dans la nature, et que le chant est par
excellence l'expression de l'amour. L'imagination sup-
plée aux sens qui nous manquent pour tout voir, tout
sentir, tout comprendre, ou plutôt elle perfectionne
nos sens en les spiritualisant. Nous entendons et nous
voyons dans le poétique mirage de l'imagination les
tableaux sonores et animés qu'elle nous crée.

Nous entendons le langage surnaturel des chênes
de Dodone et celui de l'arbre fatidique prononçant ses
décrets inspirés.

Et Gluck nous reporte à Shakespeare.

N'a-t-il pas entendu, lui aussi, avec le sens du génie, les concerts des forêts enchantées quand il évo-
que le chœur des fées chantant autour de Titania en-
dormie : « Philomène, commence ta douce mélodie
et, par ton suave murmure, appelle le sommeil. Landore, Landore, Landore! Que nul trouble, nul charme,
nul maléfice n'interrompe le repos de notre reine...
Araignées filandières, n'approchez pas! Loin d'ici, insectes aux longues jambes! Eloignez-vous, noirs escar-
bots! Vers, limaçons, n'offensez pas notre reine! »

Vous connaissez la romance exquise de Clapisson :

Du nid charmant,
Caché sous la feuillée,
Cruels petits lutins à la mine éveillée,
Hélas! pourquoi faire ainsi le tourment.
Ce nid, ce doux mystère,
Que vous guettez d'en bas,
C'est l'espoir du printemps,
C'est l'amour d'une mère,
Enfants, n'y touchez pas.

Que leur fait Clapisson aux cruels petits lutins à
la mine éveillée qui ne voient pas de plaisir plus enviable au monde que de grimper aux arbres pour y
dénicher des nids d'oiseaux? A la fin il s'est trouvé
dans le barreau de Paris, comme il s'était trouvé dans
l'épiscopat de Bordeaux, un avocat homme de talent
et de cœur pour plaider la cause des nids et de toute
la gent emplumée qui n'a pas seulement pour ennemis
les enfants, mais beaucoup d'hommes aussi. C'est
M. Charles Viel, avocat à la cour de Paris « ami des
champs, friand de verdure et grand buveur de soleil, »
qui a pris la défense des oiseaux dans un joli et très
intéressant ouvrage intitulé : *Entretien sur l'utilité des
oiseaux*, dédié à M. S. Ferdinand, cardinal Donnet,
archevêque de Bordeaux. A peine cet *entretien* était-il
publié, que le protecteur des habitants de l'air recevait
l'aimable et toute gracieuse lettre que voici :

Bordeaux, le 27 décembre 1865.

A monsieur Ch. Viel, avocat à la Cour impériale
de Paris.

Monsieur,

Ma prédilection pour les petits oiseaux n'est pas chez
moi une faiblesse, non plus qu'une fantaisie ou un
caprice. Je les aime parce qu'ils sont aimables, et je
les protège parce qu'ils sont utiles.

Votre livre, au besoin, me donnerait aujourd'hui

raison, en faisant connaître les services providentiels que les oiseaux nous rendent.

Mais ils m'attachent à bien d'autres titres. Leurs ailes, rapides au butin contre les insectes nos ennemis, me rappellent les anges du ciel, ces aimables sentinelles qui volent à notre défense au milieu des périls de la vie.

Leur pose calme et naïve, ou leurs allures de va-et-vient de branche en branche, me semble une attachante image de la simplicité et de l'innocence des petits enfants que le divin maître m'a appris à caresser.

Leurs chants, enfin, m'arrachent aux rêveries trop sérieuses et font arriver à mon oreille une musique incomparable.

Evidemment Dieu les a faits pour nous, et nous refuserions de leur payer un tribut de reconnaissance et d'amour !

L'apôtre de la charité, saint Jean, qui avait reposé sur le cœur du bon maître, se délassait en jouant avec une perdrix. Saint François d'Assise, si austère dans sa vie, aimait les petits oiseaux ; il les appelait de sa voix la plus douce, et, quand ils étaient réunis, formant autour de lui un auditoire merveilleusement attentif, il les engageait à chanter les louanges de Dieu, puis les congédiait par de suaves paroles, dont ses amis les plus intimes se montraient presque jaloux.

Merci donc, monsieur, de la dédicace que vous avez bien voulu me faire de votre ouvrage sur les petits oiseaux.

Je l'accueille avec plaisir et reconnaissance, et lui souhaite le succès qu'il mérite, autant pour votre satisfaction personnelle que pour le service rendu aux agriculteurs, dont les oiseaux sont les auxiliaires les plus intelligents et les plus constants.

Recevez, monsieur, l'assurance de mes sentiments distingués.

FERDINAND, cardinal DONNET,
Archevêque de Bordeaux.

Nous venons de voir par la lettre de l'excellent cardinal dans quel esprit M. Viel a écrit son livre.

De tous les oiseaux qu'on appelle pillards, le moineau tient la première place dans l'esprit des gens qui voient le mal que peut faire cet oiseau, qui n'en voient pas le bien. Plusieurs arrêts — par la cour d'Agen, en 1852, par la cour de Rouen en 1862 et par celle de Douai en 1882 — autorisent le propriétaire ou le fermier d'un champ à tirer sur les bandes de moineaux qui s'abattraient sur ses grains mis en tas au moment de la récolte.

Dans cette circonstance ce n'est pas faire acte de chasse, c'est un acte de défense, c'est défendre son bien. Toutefois il incombe au cultivateur qui se trouve dans de semblables circonstances de faire preuve que les moineaux dévastaient ses récoltes au moment où ils étaient tirés.

Mais pour un peu de mal que font les moineaux (le grand Frédéric leur avait déclaré la guerre parce qu'ils becquetaient ses cerises) que de bien ne font pas

à l'agriculteur peu reconnaissant ces oiseaux *pillards*!
Deux moineaux mangent par semaine 3,000 insectes,
larves, sauterelles, chenilles et vers pour la nourriture
de leur couvée. Au reste les hommes qui connaissent
généralement si peu et si mal les animaux les ont tous
calomniés, sans exception. La chouette, l'orfraie et le
chat-huant que les paysans volontiers clouent vivants
à leur porte pour les laisser mourir de douleur et de
faim (ils disent que ça porte bonheur) font la guerre
aux rats et aux souris qui dévastent les granges. Ils
sont aussi les heureux ennemis des campagnols, des
mulots et des loirs. D'après les observations d'un naturaliste anglais un couple d'orfraies détruit chaque jour
au moins cent cinquante petits rongeurs. La huppe
dévore les taupes. Les chenilles velues sont mangées
par le coucou. La fauvette et le rossignol, cette prima
donna et ce premier ténor des chanteurs aériens se
nourrissent d'insectes malfaisants. Le gobe-mouche
chasse au vol. L'hirondelle purge l'air et la terre des
mêmes insectes qui envahiraient et détruiraient tout,
sans les oiseaux, leurs ennemis naturels. La vigne aujourd'hui si gravement atteinte par le philloxéra en
France, était dans des temps meilleurs attaquée par
la tordeuse; le colza est ravagé par plusieurs espèces
d'altises; les courtillières, comme les quakers et les
méthodistes sont légumiers. Les seules larves cécido-
myiques ont fait avorter dans un département pour
quatre millions de francs de blé! En Allemagne, le
papillon de nuit a ravagé des forêts entières. On sait
les dégâts occasionnés par les sauterelles et les han-

netons. L'oiseau est le justicier par excellence de tous ces bandits champêtres, aimons et respectons l'oiseau ; écoutons ses concerts aériens, qui sont un des charmes de la campagne, car ils apportent avec eux la vie, la joie et l'animation.

J'ai parlé des concerts sous-marins, des poissons chanteurs, m'y voici.

Tout chante dans la nature et ce dicton est faux qui dit « muet comme un poisson. » Il peut y avoir des poissons, il en est certainement qui font de la musique.

Un observateur distingué, M. Dufossé, a entendu des concerts de poissons. Il n'a pas craint de qualifier l'espèce des *maigres* d'orgues vivantes.

A côté de ces virtuoses aquatiques figurent honorablement, mais au second rang, les *malarmats*, les *ombrines* les *hippocampes* et les *lyres* dont le nom est significatif.

La musique des poissons est produite par la vibration de certains muscles transmise à une vessie pleine d'air.

Si l'on pouvait remonter aux origines des fables, peut-être trouverait-on dans la musique des *maigres*, — musique très appréciable surtout au temps du frai où ce poisson marche par bandes, — l'invention du chant de la sirène, de l'ondine et du Nix.

S'il faut en croire Nicaise, c'est Naples que les sirènes avaient choisi pour leur quartier général : « Nous reconnaissons, dit-il, que la ville de Naples était le vrai séjour des sirènes, car où pouvaient-elles pour le plaisir de la musique choisir plus commodément leur demeure qu'en ce lieu où les empereurs romains habitaient la plus grande partie de l'année. » Un monument atteste encore aujourd'hui le souvenir des sirènes à Naples ; c'est le *palais des sirènes* fondé par Jeanne II et qui doit son nom aux séductions et aux pompes que cette reine s'était plu à multiplier dans cette résidence. Seulement et comme une marque du temps, le palais des sirènes est aujourd'hui transformé en une verrerie. L'utile a remplacé le simple agrément, la grande voix de l'industrie a étouffé la voix idéale de Parthénope, la vérité s'est assise sur le trône de la fable.

Il faut laisser à la plume éloquente, émue, savante, spirituelle et philosophique de Michelet, le soin de nous dire en des pages immortelles le concert aux millions de voix du monde des insectes. A ces voix des infiniment petits, viennent se joindre pour Lamennais — un autre grand poète, — les bruits plus nombreux encore de la nature inorganique. Dieu est le suprême artiste, et son œuvre, c'est l'univers, au sein duquel les arts partiels, résultats pour nous de la décomposition de l'art complet, se mélangeant, se pénétrant par une sorte de puissance organique, se résolvent et se confondent dans une magnifique unité. Il existe donc une musique non moins vaste que la création, une musique universelle qui embrasse tous les sons, tous les bruits, et leurs combinaisons innombrables et leurs lois de tous ordres ; mais nous ne la comprenons pas parce que nous ne connaissons ni ne sentons qu'une faible partie de la nature, dont l'ensem-

ble immense qui, de toutes parts fuit dans l'infini, se
dérobe à nos sens et à notre pensée même. Depuis la
goutte d'eau qui gémit en se brisant sur un brin
d'herbe, jusqu'à l'océan qui ébranle avec des mugisse-
ments formidables les bases souterraines de la terre ;
depuis le jonc des bords du fleuve jusqu'à l'oiseau qui
soupire la nuit au fond des forêts ; depuis l'insecte
imperceptible qui murmure des tristesses ou des joies
inconnues dans le calice d'une fleur, jusqu'à l'homme
dont les chants s'élèvent de monde en monde vers
leur éternel architecte, chaque être a sa voix dans ce
concert divin. S'il en est qui nous frappent comme des
dissonnances, c'est qu'isolées à notre égard, leur re-
lation au tout nous échappe : elles ne se lient pour
nous a rien d'ordonné. Que dans l'œuvre le plus parfait de notre art même, retranchant les intermédiaires, on rapproche des parties alors sans convenance
mutuelle, nous éprouverons la même sensation étrange
et pénible, nous porterons le même jugement :

O concert insaisissable et merveilleux! Si tout
aime dans la nature, tout ne doit-il pas chanter aussi!
L'imagination, ici, n'est que le mystérieux déplace-
ment d'un sens perfectionné par l'esprit, et nous
entendons réellement ce que nous croyons entendre.
L'île enchantée de Prospero n'est point une illusion
de poète, et le génie de Shakespeare lui a tout révélé
lorsqu'il fait dire à Caliban: « Ne sois pas effrayé, l'île
est remplie de bruits, de sons errants et de doux airs
qui donnent du plaisir sans jamais nuire. Quelquefois des milliers d'instruments résonnants bourdon-

nent à mes oreilles et quelquefois ce sont des voix
telles que si je m'éveillais alors après un long sommeil, elles me feraient dormir encore ; et en dormant
il me semble que je vois les nuées s'ouvrir et offrir
un amas de biens prêts à pleuvoir sur moi, en sorte
qu'au moment où je me réveille, je suis pris du désir
de me rendormir pour rêver encore. »

XI

PROSPER MÉRIMÉE & LES COURSES DE TAUREAUX

A l'heure où j'écris ces lignes, et depuis quelque temps déjà, les courses de taureaux ont pris dans l'opinion les proportions d'une *question* et tous les esprits qui comprennent cette question au point de vue moral s'en préoccupent sérieusement.

On est indigné généralement de voir se continuer après surtout l'arrêt de la Cour de Cassation, ces jeux sauvages, indignes de notre civilisation, dans lesquels des saltimbanques sanguinaires donnent à des milliers de personnes le spectacle répugnant et démoralisateur de chevaux éventrés par les cornes d'un taureau, qui lui-même déchiqueté par la lance et les dards sera finalement assassiné par les susdits saltimbanques ivres de sang.

Si de pareilles scènes se produisent en France (dans le seul Midi, il est vrai) ce n'est pas la faute de la digne, utile et si sympathique société protectrice des animaux qui, dès sa fondation, s'est efforcée par tous les moyens en son pouvoir d'empêcher ces jeux dégradants qui ne peuvent avoir pour effet que de rendre insensible à la pitié et que de développer ce que nous pouvons avoir de lâche, en étouffant dans nos cœurs tout sentiment de générosité.

Dès le commencement de 1894, la Société remerciait le Pape d'avoir défendu au clergé espagnol, d'assister aux courses de taureaux. Le 8 juin de la même année, elle demandait au ministre de la justice de France qu'il fit respecter la loi. La lettre écrite au ministre fut reproduite par toute la presse. Elle fut distribuée aux députés. Vint ensuite une pétition de la presse et des artistes qui reçut de la huitième commission de la Chambre l'avis le plus favorable. A son tour, le Conseil municipal de Paris émettait par acclamation un vœu conforme. Au mois d'août 1894, la société écrivit au ministre de la justice pour obtenir le pourvoi en cassation contre des jugements de tribunaux de simple police qui déclaraient la loi Grammont inapplicable aux courses de taureaux. (!!!) Celles-ci furent interdites et le 17 octobre 1894, le président du Conseil, ministre de l'intérieur annonçait au président de la société en audience particulière, que les jugements relaxant toreros et entrepreneurs allaient être déférés à la Cour de Cassation. La Cour trancherait ainsi définitivement la question de la domesticité ou de la non domesticité du taureau et fixerait la procédure. Ces pourvois furent soumis à la Cour de Cassation les 14 et 15 février 1895. Les cinq jugements des tribunaux de simple po-

lice de Bayonne et de Nîmes furent cassés, la Cour
déclara applicable aux courses de taureaux la loi du
2 juillet 1850, taureaux et chevaux étant des animaux
domestiques et.. des courses eurent lieu, quand même,
Messieurs les toreros se jugeant sans doute au-dessus
de la loi.

Ils sont rares les esprits distingués en France, qui
s'avouent partisans des courses de taureaux. Il est, je
crois, unique à l'Académie cet immortel qui a osé écrire
que de tous les genres de spectacle, ce sont les *corridas*
espagnoles qui ont le plus exalté son imagination et
réjoui son cœur. Un pareil *afficionado* mérite dans un
livre tel que celui-ci une simple mention, et ce n'est
pas trop faire pour sa mémoire que de lui consacrer
un chapitre tout entier comme on érige après sa mort
sa statue à un grand homme.

Je me suis souvenu vaguement que l'auteur de *Co-
lomba*, M. Prosper Mérimée, s'était soudainement épris
d'une folle passion (les passions ne raisonnent pas)
pour ce jeu national des *Castillanos*.

Je me suis souvenu, un peu confusément, que cet
écrivain français avait envoyé de Madrid, il y a quelque soixante-cinq ans, une assez longue lettre traitant
de cet aimable divertissement. J'ai voulu relire cette
lettre bien oubliée aujourd'hui, mais à laquelle la dé-
cision des juges de la chambre criminelle de la Cour
de Cassation, donne un intérêt d'actualité. J'ai donc lu
cette épître et j'en ai détaché un certain nombre de pas-
sages écrits avec admiration sur l'art délicieux de la
taureaumachie espagnole, bien supérieure à la *vachau-*

machie pratiquée sans effusion de sang par nos jeunes Landais.

Et d'abord comment celui qui a mûri sous la coupole de l'Institut s'est-il passionné pour les taureaux et leurs persécuteurs ; ce n'est guère que lorsque les candidats font leurs visites aux Académiciens dont ils sollicitent les voix, qu'ils prennent le bœuf par les cornes. Écoutons l'auteur de *Carmen*.

« La première fois que j'entrai dans le cirque de Madrid, je craignais de ne pouvoir supporter la vue du sang que l'on y fait libéralement couler. Je craignais que ma sensibilité ne me rendît ridicule devant les amateurs endurcis qui m'avaient donné une place dans leur loge. Il n'en fut rien. Le premier taureau fut tué. Deux heures s'écoulèrent sans le moindre entr'acte ; je n'étais pas encore fatigué. Aucune tragédie du monde ne m'avait intéressé à ce point. »

Puisque aucune des tragédies de Racine ni de Corneille n'avait intéressé l'écrivain, autant que les combats d'hommes avec des taureaux, c'est que Mérimée avait manqué sa vocation, c'est qu'il aurait dû se faire toréador et ne pas entrer à l'Académie française.

« Pendant mon séjour en Espagne, je n'ai pas manqué un seul combat, et je l'avoue en rougissant » (il y a de quoi rougir en effet) « je préfère les combats à mort à ceux où l'on se contente de harceler les taureaux qui portent des boucles à l'extrémité de leurs cornes. »

Il faut à cet homme de lettres, l'abattoir dans tout son beau, avec saignée et étripement.

Pour s'excuser auprès des gens qui pourraient se révolter contre cette honteuse volupté du meurtre, ce bon Mérimée, qui n'était point un homme vicieux mais qui avait contracté des habitudes vicieuses, cite saint Augustin.

« Saint Augustin raconte que dans sa jeunesse il avait une répugnance extrême pour les combats de gladiateurs qu'il n'avait jamais vus. Forcé par l'un de ses amis de l'accompagner à une de ces pompeuses boucheries, il s'était juré à lui-même, de fermer les yeux pendant tout le temps de la représentation. D'abord il tint assez bien sa promesse et s'efforça de penser à autre chose; mais à un cri que poussa tout le peuple en voyant tomber un gladiateur célèbre, il ouvrit les yeux; il les ouvrit et ne put les refermer. Depuis lors et jusqu'à sa conversion, il fut un des amateurs les plus passionnés des jeux du cirque. »

On sait que jusqu'à sa conversion, c'est-à-dire jusqu'à l'âge de trente-deux ans, celui qui devait être placé comme le plus illustre des pères de l'Église, mena une vie de débauche, fréquentant les mauvais lieux de toutes les villes qu'il habita. Il n'est pas étonnant dès lors que ce libertin, cet affranchi de toute loi morale ait goûté les charmes des combats de gladiateurs. Ce n'est vraiment pas une raison pour que notre Académicien se soit passionné pour les plaisirs des combats de taureaux où l'on voit aussi blesser et mourir des hommes d'ailleurs fort peu sympathiques.

Malgré son amour pour les courses de taureaux, l'excellent Mérimée est forcé de convenir qu'elles sont le spectacle à peu près exclusif de la plus grossière partie du peuple, et qu'en Espagne, les gens qui se respectent ne vont pas s'amuser à voir éventrer des chevaux, martyriser et abattre des taureaux.

« Parmi les Espagnols de la classe élevée, il en est peu qui n'éprouvent une espèce de honte à avouer leur goût pour ce genre de spectacle, certainement fort cruel...

Et M. Mérimée dit plus loin :

« Les romans français et anglais ont perverti depuis peu les Espagnols et leur ôtent le respect pour leurs vieilles coutumes. »

J'ai bien copié exactement, il y a bien que les romans français et anglais ont *perverti* les Espagnols en leur ôtant le *respect* des jeux barbares et hideux du Cirque. On croit rêver en lisant ces lignes d'un membre de notre Académie qui doit connaitre la valeur des mots.

Il est assez amusant que les organisateurs de courses de taureaux dans le midi de la France, aient considéré, pour échapper à la loi Grammont les animaux qu'on tue dans les cirques, comme d'horribles fauves qui ne méritent aucune pitié. Ces animaux sont d'une part le cheval, de l'autre part le taureau. Soutenir que le cheval n'est pas un animal domestique, est ridicule et d'une sinistre bouffonnerie. Quant aux mâles de cette bonne et utile race bovine qui nous donne le lait, laboure nos terres et nous nourrit de sa chair, c'est un animal stupide, il est vrai, mais qui n'a rien naturellement de la bête féroce. Le taureau ne se met

en colère que lorsqu'on l'effraie ou qu'on l'excite en
lui faisant du mal. Je laisse parler mon auteur.

« Sur vingt taureaux il s'en trouve à peine un pour
le cirque ; les dix-neuf autres servent à l'agriculture. »

Encore faut-il que ce *un* sur *vingt* pour qu'il attaque dans le cirque hommes et chevaux, soit soumis
à une torture préalable qui le rend furieux, et le fasse
sortir de sa nature.

« Le taureau, préalablement *irrité* à dessein dans
sa cage, sort furieux. »

Entre le taureau et l'homme, le plus féroce n'est
pas celui qu'on pense. Sa méchanceté devient de la
perfidie la plus basse et la plus immorale auprès du
cheval destiné à être éventré et soulevé par le taureau.
Il ne faut pas que le cheval puisse se garer des cornes
de l'animal, car c'est surtout pour fatiguer celui-ci et
afin qu'il ait perdu une bonne partie de ses forces au
dernier acte, quand le matador prudent et prévoyant
lui donnera le coup d'épée final, que l'on fait figurer
le cheval dans ce divertissement à l'usage de la populace.

« Pour que le bruit du cirque et la vue du taureau
n'effarouchent pas les chevaux montés par les picadors,
on leur bande les yeux et on remplit leurs oreilles
d'étoupe mouillée. »

De cette manière le taureau peut s'élancer tête baissée sur le cheval, qui ne voyant rien et n'entendant
rien, ne s'aperçoit de quelque chose que lorsque le ventre ouvert, ses entrailles tombent par terre comme une
masse. C'est répugnant et c'est déloyal. Quant au pi-

cador monté sur le cheval, il a soin de se cuirasser pour éviter tout danger. Ce n'est pas très crâne.

« Les picadors au lieu de culottes et de bas de soie, ont des pantalons de cuir épais, garnis de bois et de fer afin de préserver leurs jambes et leurs cuisses des coups de corne. A pied ils marchent écarquillés comme des compas. »

C'est fort prudent assurément, mais c'est peu gracieux à voir. Quand le picador tombe avec le cheval éventré, tous les toréadors dans l'arène se précipitent vers le taureau avec leur manteau rouge déployé pour détourner de son ennemi le stupide animal qui toujours, lâche la proie pour l'ombre. Quant au cheval blessé voici :

« S'il peut se relever, le picador lui remonte dessus. Peu importe que le pauvre cheval perde des flots de sang, que ses entrailles traînent à terre et embarrassent ses jambes; tant qu'un cheval peut marcher, il doit se présenter au taureau. »

Pourtant si les boyaux embarrassent trop ses jambes, un bon *chulo* vient à son secours. Armé d'une serpette finement aiguisée, il coupe d'un coup de cette lame recourbée, les intestins au ras du ventre. Le cheval ainsi allégé reprend sa course, toujours les yeux bandés et son étoupe mouillée dans les oreilles... N'est-ce pas gentil?

Prenez courage et lisez encore, le meilleur n'est pas dit.

« La lance des picadors est très grosse, très forte et terminée par une pointe de fer très aiguë; mais

comme il faut faire durer le plaisir, cette pointe est
garnie d'un bourrelet de corde qui ne laisse pénétrer
dans le corps qu'un pouce de fer. »

Pour faire durer le *plaisir* est adorable dit par cet
Académicien français avec une franchise et une naïveté qui déconcertent.

« Pour se faire obéir de leurs rosses, les picadors
ont des éperons armés de pointes de deux pouces de
longueur. »

Mérimée oublie de dire que quand ces pointes de
deux pouces de longueur ne suffisent pas à faire avancer le cheval percé par les cornes du taureau, et que
tremblant de tous ses membres il est prêt à tomber,
des *chulos* (des garçons d'écurie) avancent sur le cheval avec de lourds bâtons à la main, et en frappent à
tour de bras la bête blessée et *vicieuse*. On entend de
partout dans le cirque le bruit des triques sur les os
de ce « noble et fier animal, le plus utile des serviteurs
de l'homme » vieilli, usé, mourant de faim, qu'on
achète pour le jeu des *plazas*. C'est avec la plus aimable désinvolture que notre *afficionado* (de l'Académie
française, nous ne saurions trop le répéter pour la plus
grande curiosité de ce récit) parle de ces pauvres chevaux, symboles des plus imméritées souffrances qu'un
être puisse endurer sur cette terre d'injustices et de
douleurs.

« Les chevaux dont on se sert sont des rosses de
réforme que l'on achète à bas prix. »

Voilà toute l'oraison funèbre. Pas une parole de
pitié, mais des injures : « ce sont des rosses. » Aujour-

d'hui que par la découverte du Dr Roux, l'éminent collaborateur de l'illustre Pasteur, les chevaux sont devenus les sauveteurs de nos petits enfants, j'imagine
un père et une mère — une *manola* — dans un cirque en Espagne. Le cheval vient d'avoir le ventre ouvert par le taureau qui le tient soulevé avec son cavalier.

— Tiens, dit le père, je reconnais ce cheval; c'est
celui de Pedro, celui dont on a extrait le *sérum* qui a
guéri notre chère petite fille de l'affreux croup dont
elle serait morte certainement sans ce merveilleux
remède. L'animal toute sa vie avait usé ses muscles
pour le travail des hommes, et sur ses vieux jours, il
a donné son sang pour sauver nos enfants. Il ne pouvait plus travailler, il ne gagnait plus sa nourriture,
on devait donc le tuer. C'est au taureau qu'il aura
donné ses dernières gouttes de sang. Bah! mourir par
la corne ou par le couteau de l'équarrisseur, c'est toujours mourir.

Je me plais à penser qu'en pareil cas, la mère de
l'enfant sauvé par le cheval, resterait sérieuse et ré-
fléchie.

Quand le taureau a écorné quelques chevaux et reçu
quelques coups de lance, les picadors se reposent et
l'on donne le signal de mettre en jeu les *banderillas*
qui sont des dards enjolivés de papier de couleur. On
garnit ces jolis dards taillés en hameçons pour qu'ils
tiennent bien dans les chairs tout le col et aussi le corps
de l'animal. Il y a des taureaux qui n'aiment pas ça,
et qui cherchent à éviter cette parure piquante. Alors

les spectateurs les invectivent. Ils les traitent de taureaux coupés, de bœufs et les qualifient de lâches.

« Lorsque le taureau a montré de la *lâcheté*, c'est-
à-dire quand il n'a pas reçu quatre coups de lance,
(c'est le nombre de rigueur), et qu'il a montré du dégoût pour les banderillas, les spectateurs juges souve-
rains, le condamnent par acclamation à une espèce de
supplice qui est à la fois un châtiment et un moyen de
réveiller sa colère. De tous côtés s'élève le cri de *fuego!
fuego!* (du feu! du feu!) On distribue alors aux chulos
au lieu de leurs armes ordinaires des banderillas dont
le manche est entouré de pièces d'artifices. La pointe
est garnie d'un morceau d'amadou allumé. Aussitôt
qu'elle pénètre dans les chairs, l'amadou est repoussé
sur la mèche des fusées; elles prennent feu, et la
flamme dirigée vers le taureau, le brûle jusqu'au vif
et lui fait faire des sauts et des bonds qui amusent extrêmement le public. »

Et ce brave Prosper Mérimée trouve cela *admirable.*
C'est à n'y pas croire. Il faut citer encore :

« C'est en effet un spectacle admirable que de voir
cet animal énorme, écumant de rage, secouant les banderillas ardentes et s'agitant au milieu du feu et de
la fumée. »

Méphistophélès n'aurait pas dit autrement ni mieux.
Mérimée n'a pourtant jamais passé pour un mauvais
diable; mais il avait vu ces spectacles immoraux et
contagieux, et son esprit s'en était dégradé au point
de lui faire perdre le bon sens et la conscience. Rien,
hélas! n'est plus contagieux que le vice, et les specta-

cles sanglants — combats de gladiateurs et combats de taureaux — sont des spectacles vicieux, des spectacles de décadence.

Ne croyons pas un seul instant que la vue de ces scènes de boucherie, pour le seul plaisir de voir martyriser et tuer des animaux puissent raffermir le courage. Le courage a d'autres sources que la cruauté.

Il nous vient du sentiment de l'honneur, du sentiment de justice pour la défense des faibles, de notre bon cœur, pour sauver ceux que nous voyons en péril, pour obéir aux devoirs que nous inspire notre conscience, de l'amour de la patrie pour la défense du territoire menacé. Le courage ne vient pas plus de l'habitude de voir couler le sang, que le repentir des fautes commises et le retour à la vertu, ne viennent aux esprits pervertis qui vont voir les exécutions capitales de criminels. C'est bien plutôt le contraire ; les amateurs d'exécutions capitales sortent plus viciés de ces horribles spectacles, et les méchants plus lâches après avoir assisté aux jeux sanguinaires. Cruauté et lâcheté sont des mots qui ne hurlent pas de se trouver ensemble.

Panem et Circenses, un peu de pain trempé dans le sang, voilà ce que demandait à ses maîtres, le peuple dégénéré de Rome sous le joug des César. Sachons sous une noble et fortifiante liberté gagner notre pain par un travail honnête et fuyons les spectacles de douleur et de mort. Comme la peste, le goût des jeux sanguinaires est contagieux.

Au reste, il faut constater à l'honneur de l'huma-

nité que les jeux cruels ne sont plus guère dans les
mœurs nulle part. En Angleterre, on a cessé de se casser la mâchoire à coups de poing pour amuser la ga-
lerie; les duels publics au petit couteau n'ont plus
lieu au Mexique; les Japonais ne luttent plus en public à coups de tête; on ne fait plus se battre entre eux
des animaux à la barrière du combat à Paris. Dans nos
campagnes on a cessé de se divertir à décapiter à coups
de bâton, ayant les yeux bandés, des oies clouées sur
des planches; enfin dans le Midi on fait des feux de
joie à la Saint-Jean sans y jeter, comme autrefois, des
chats vivants. Ces animaux au milieu des flammes
poussaient des cris horribles qui faisaient rire aux larmes les spectateurs de ces badinages.

Allons, encore un effort. Détachons de la lettre en-
thousiaste de l'auteur de la *Guzla* quelques lignes, et
ce sera tout.

« Quand le taureau a quatre coups de lance dans le
col, qu'il a étripé en les soulevant avec leurs cavaliers
quatre ou cinq chevaux et qu'il est orné d'une dou-
zaine de dards (*banderillas*), il est épuisé aux trois
quarts et le matador peut sans grand risque lui donner le coup d'épée final. De la main droite il tient sa
lourde épée et de la main gauche il agite un manteau écarlate attaché à un bâton et qu'on appelle *tra
los montes*, la *Muleta*. Cette muleta agitée au nez de
l'animal finit par l'impatienter et réveille sa vigueur
presque éteinte à ce moment. Il s'élance sur l'homme
et trompé par le manteau écarlate, le plus souvent il
dépasse le but.

» Il s'arrête alors brusquement en raidissant ses jambes et ces réactions brusques et violentes le fatiguent tellement, que si ce manège était prolongé, il suffirait seul pour le tuer. »

Mais il faut pour la mise en scène qu'il soit tué par le matador (meurtrier, en français) qui enfin, lui plonge plus ou moins adroitement, son épée dans le corps. Il arrive souvent que le taureau n'est pas tué du coup. C'est à recommencer, et l'on recommence. Quelquefois le coup d'épée — une épée longue de trois pieds — est si mal donné que l'on voit le taureau faire le tour de l'arène le fer dans le corps et le traversant de part en part. La garde seule ressort de son épaule. L'animal finit par tomber et un *chulo* le poignarde par terre.

Voici le plus joli.

« Si le taureau refuse d'attaquer, le matador court à lui et toujours au moment où l'animal baisse la tête, il le perce de son *estocada*; mais s'il ne baisse pas la tête, ou s'il s'enfuit, il faut pour le tuer employer un moyen bien cruel. Un homme armé d'une longue perche terminée par un fer tranchant en forme de croissant (*media luna*) lui coupe traîtreusement les jarrets par derrière, et dès qu'il est abattu on l'achève d'un coup de poignard. »

Fermons l'égout rempli de cadavres et de sang.

J'ai parlé dans le courant de ce volume d'une course de taureaux à laquelle j'assistai à Tolosa en 1864, qui fit sur moi une telle impression de dégoût et m'apitoya si profondément sur les chevaux éventrés et les taureaux torturés avant d'être assassinés, que je jurai de ne plus assister à de pareilles orgies sanguinaires. Aussi ai-je refusé obstinément de voir dans une petite ville d'Andalousie une *corrida* qui fit l'admiration des *afficionados* et enthousiasma mon compagnon de voyage en Espagne qui voulait m'entraîner à ce délicat spectacle. Il m'en fit la description en me disant : « C'était une belle course! » Elle était belle, en effet, vous allez en juger par les résultats : dix chevaux éventrés, six taureaux assassinés, un homme tué, un autre blessé. Je n'ai pas voulu voir cette belle course, mais j'ai voulu contempler sur son lit de douleur le torero blessé mortellement. Le taureau lui avait traversé la cuisse, et relevant la tête l'avait fait tourner avec sa corne comme on s'amuse à faire tourner avec le doigt un rond de serviette. Il est mort du tétanos dans des souffrances épouvantables. L'homme blessé avait reçu les cornes de l'animal en pleine poitrine. Il en fut quitte pour deux côtes cassées. En vérité ce fut une belle course.

Les hommes du Midi grands amateurs de ces scènes d'abattoir ne sont pas plus méchants que d'autres, et plus que beaucoup d'autres, ils sont intelligents. Ils finiront par comprendre, je l'espère fermement, même dans les plus bas fonds de la populace, que de pareils jeux sont répulsifs, presque criminels et qu'ils ne peuvent s'acclimater chez nous dans notre France civilisée, délicate dans ses goûts, chevaleresque, généreuse; et ils se consoleront de les voir supprimées comme ils se sont consolés de la suppression des combats d'animaux entre eux, du jeu de l'oie et de tous les jeux cruels.

CONCLUSION

Ce livre est terminé.

Le but que son auteur s'est proposé en l'écrivant sera pleinement atteint, s'il peut inspirer à ceux qui le liront, de la douceur, de l'intérêt, de la compassion pour nos malheureux animaux domestiques (domestiques sans gages) et que saint Augustin appelait charitablement: « Nos frères inférieurs. »

N'est-ce donc pas assez d'utiliser à notre seul bénéfice leurs forces physiques, leurs instincts et leurs sens si étonnamment développés par rapport aux nôtres; de les faire travailler suivant leurs aptitudes dès qu'ils peuvent nous être utiles et durant toute leur misérable vie sans trêve ni merci, pour les assassiner ensuite et les manger, quand leur chair nous paraît savoureuse; faut-il en surcroît les torturer inutilement, les brutaliser sans cesse et les injurier avec férocité? Cela est dégradant pour le caractère de notre espèce, car cela est lâche!

Hommes, rois de la création, mes très chers cousins, soyons humains avec nos semblables et compatissants pour les bêtes afin d'être justes envers elles. Tout nous en fait un devoir, la morale, notre propre intérêt et l'éducation de notre cœur.

Car on n'a pas deux cœurs, croyez-moi, l'un bon et droit avec les hommes, l'autre méchant et capricieux avec les animaux.

TABLE DES MATIÈRES

Imprimerie Générale de Châtillon-sur-Seine. — Pichat et Pepin.

Documents manquants (pages, cahiers...)
NF Z 43-120-13